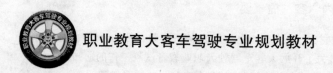

职业教育大客车驾驶专业规划教材

大客车驾驶操作教程

交通运输部运输服务司　组织编写

乔士俊　祁晓峰　主　编

人民交通出版社股份有限公司
China Communications Press Co.,Ltd.

内 容 提 要

本书为职业教育大客车驾驶专业规划教材之一,根据交通运输部办公厅、教育部办公厅、公安部办公厅、人力资源社会保障部办公厅联合下发的《关于开展大客车驾驶人职业教育试点工作的通知》(厅运字〔2014〕100号)编写而成。本书主要内容包括:大客车基础驾驶训练、大客车一般道路驾驶训练、大客车复杂道路驾驶训练、大客车综合式样驾驶训练、大客车模拟运营训练和大客车综合考核技能训练六个项目。

本书为大客车驾驶专业的核心教材,也可作为道路客运驾驶人素质提升的培训用书和参考用书。

图书在版编目(CIP)数据

大客车驾驶操作教程 / 乔士俊,祁晓峰主编. —北京:人民交通出版社股份有限公司,2017.7
职业教育大客车驾驶专业规划教材
ISBN 978-7-114-13768-6

Ⅰ.①大… Ⅱ.①乔…②祁… Ⅲ.①公共汽车—汽车驾驶员—职业教育—教材 Ⅳ.①U471.3

中国版本图书馆 CIP 数据核字(2017)第 080180 号

职业教育大客车驾驶专业规划教材

书　　名:	大客车驾驶操作教程
著 作 者:	乔士俊　祁晓峰
责任编辑:	郭　跃
出版发行:	人民交通出版社股份有限公司
地　　址:	(100011)北京市朝阳区安定门外外馆斜街 3 号
网　　址:	http://www.ccpress.com.cn
销售电话:	(010)59757973
总 经 销:	人民交通出版社股份有限公司发行部
经　　销:	各地新华书店
印　　刷:	北京市密东印刷有限公司
开　　本:	787×1092　1/16
印　　张:	14
字　　数:	318 千
版　　次:	2017 年 7 月　第 1 版
印　　次:	2017 年 7 月　第 1 次印刷
书　　号:	ISBN 978-7-114-13768-6
定　　价:	32.00 元

(有印刷、装订质量问题的图书由本公司负责调换)

职业教育大客车驾驶专业规划教材
编写委员会
（按姓氏笔画排列）

王　杨　　乔士俊　　祁晓峰　　李　斌

李　勤　　吴晓斌　　张开云　　张则雷

周　铭　　徐新春　　翁志新　　郭　跃

凌　晨　　蒋志伟　　解　云　　戴良鸿

前　言
FOREWORD

为进一步贯彻落实《国务院关于加强道路交通安全工作的意见》(国发〔2012〕30号)的有关要求,"将大客车驾驶人培养纳入国家职业教育体系,努力解决高素质客运驾驶人短缺问题",经交通运输部、教育部、公安部和人力资源社会保障部共同研究,于2014年07月29日发文《关于开展大客车驾驶人职业教育试点工作的通知》(厅运字〔2014〕100号),决定在江苏、安徽、云南三省各选取一至两所具备资质的职业技术学院、高级技工学校,开展大客车驾驶人职业教育试点工作。为了认真落实通知精神,提升大客车驾驶人职业教育的办学水平,人民交通出版社受交通运输部委托,特组织试点院校编写职业教育大客车驾驶专业规划教材,以供本专业教学使用。

本套教材总结了全国交通高级技工学校、技师学院多年的专业教学经验,结合道路客运企业对大客车驾驶人的特殊要求,注重以学生就业为导向,以培养能力为本位,教材内容符合大客车驾驶专业教学改革精神,适应道路客运企业对大客车驾驶技能型紧缺人才的要求。本套教材中部分教材内容是在江苏汽车技师学院《大客车驾驶专业教学标准和课程标准》研究课题的课程体系框架下确定的。本套教材具有以下特色:

1. 按照交通行业职业技能规范和国家职业资格标准构建课程体系和教材体系。本套教材遵循大客车驾驶学制培养的具体要求,为贯彻国家职业资格标准,保证提高大客车驾驶专业学生的技术素质和服务质量奠定了良好的基础。

2. 本套教材注重实用性,体现先进性,保证科学性,突出实践性,贯穿可操作性,反映了汽车工业的新知识、新技术、新工艺和新标准,其工艺过程尽可能与当前生产情景一致。

3. 本套教材体现了汽车驾驶高级工应知应会的知识技能要求,更注重了汽车驾驶传统经验与现代大客车技术的有机结合。

4. 本套教材文字简洁,通俗易懂,以图代文,图文并茂,形象直观,形式生动,容易培养学生的学习兴趣,提高学习效果。

《大客车驾驶操作教程》为本套教材之一,主要内容包括:大客车基础驾驶训练、大客车一般道路驾驶训练、大客车复杂道路驾驶训练、大客车综合式样驾驶训练、大客车模拟运营训练、大客车综合考核技能训练。

  本书由江苏汽车技师学院乔士俊和祁晓峰担任主编,祁晓峰负责统稿。项目一由江苏汽车技师学院姚超和陈泽明编写,项目二由江苏汽车技师学院乔士俊和顾利军编写,项目三由江苏汽车技师学院祁晓峰编写,项目四由江苏汽车技师学院谢荣和林飞编写,项目五由江苏汽车技师学院祁晓峰和倪训阳编写,项目六由云南交通技师学院张开云和杭州技师学院张立新编写。

  限于编者水平,加之大客车驾驶专业在全国已停办数年,书中难免有不当之处,敬请广大院校师生提出意见和建议,以便再版时完善。

编写委员会
2017 年 3 月

目 录
CONTENTS

项目一　大客车基础驾驶训练 ·· 1
　任务一　机件识别与操作 ·· 1
　任务二　原地驾驶训练 ·· 24
　任务三　基本驾驶技能训练 ·· 29
　任务四　基础式样驾驶训练 ·· 44

项目二　大客车一般道路驾驶训练 ·· 48
　任务一　道路交通动态的分析与行车安全 ·· 48
　任务二　一般道路驾驶方法 ·· 55
　任务三　会车、跟车、超车与让超车技能 ·· 59
　任务四　坡路驾驶技能 ·· 63

项目三　大客车复杂道路驾驶训练 ·· 67
　任务一　城市道路驾驶 ·· 67
　任务二　高速公路驾驶 ·· 76
　任务三　山区道路驾驶 ·· 88
　任务四　复杂地段驾驶 ·· 95
　任务五　夜间驾驶 ·· 104
　任务六　恶劣气候中的驾驶 ·· 110
　任务七　长途驾驶 ·· 119

项目四　大客车综合式样驾驶训练 ·· 124
　任务一　倒桩 ··· 125
　任务二　坡道定点停车和起步 ·· 128
　任务三　侧方停车 ·· 129
　任务四　通过单边桥 ·· 131
　任务五　曲线行驶 ·· 133
　任务六　直角转弯 ·· 134
　任务七　通过限宽门 ·· 135
　任务八　通过连续障碍 ·· 137
　任务九　起伏路行驶 ·· 139

  任务十 窄路掉头 …………………………………………………………… 140
  任务十一 模拟高速公路驾驶 ………………………………………………… 141
  任务十二 模拟连续急弯山区路驾驶 ………………………………………… 143
  任务十三 模拟雨(雾)天驾驶 ………………………………………………… 144
  任务十四 模拟湿滑路驾驶 …………………………………………………… 145
  任务十五 模拟隧道驾驶 ……………………………………………………… 145
  任务十六 模拟紧急情况处置 ………………………………………………… 147
项目五 大客车模拟运营训练 ……………………………………………………… 149
  任务一 客运驾驶人的素质要求及工作规范 …………………………………… 149
  任务二 道路客运基本环节 …………………………………………………… 160
项目六 大客车综合考核技能训练 ………………………………………………… 166
  任务一 机动车驾驶人 A1 证考试 ……………………………………………… 166
  任务二 汽车驾驶员(高级)驾驶实际操作考试 ………………………………… 188
  任务三 经营性道路旅客运输驾驶员从业资格证应用能力考试 …………… 195
参考文献 …………………………………………………………………………………… 213

项目一　大客车基础驾驶训练

项目描述

　　一名合格的客车驾驶人，必须具有敏锐的观察力，准确、迅速的判断力和协调、自如的操作能力。其中协调、自如的操作能力的形成关键在于基础驾驶阶段基本动作的训练，规范、正确的基本动作对今后驾驶技能的形成和提高将起到重要作用。

项目任务

　　任务一　机件识别与操作
　　任务二　原地驾驶训练
　　任务三　基本驾驶技能训练
　　任务四　基础式样驾驶训练

项目目标

1. 熟悉各操纵机件、仪表和开关的位置并学会正确使用；
2. 掌握规范的上、下车动作，学会正确的驾驶姿势和发动机起动、熄火的方法；
3. 掌握起步前安全检视的内容、方法，实现汽车平稳起步，并能根据需要适时换挡；
4. 掌握汽车转向技术，能根据需要采取不同的制动方式，掌握停车技术；
5. 掌握汽车倒车、掉头和停放的要领；
6. 增强对整个车体的感觉，锻炼对车辆位置的目测能力，综合运用操纵机构。

任务一　机件识别与操作

　　为方便操作和观察，汽车的各种操纵装置和仪表、开关都设置在驾驶人手、脚和视线所能及的范围内，其形状和设置部位因车型不同而有所区别。但其功能、作用和操作方法都基本相同。图 1-1 所示为宇通 ZK6127 客车的驾驶区域。

一、客车操纵机构

　　汽车操纵机构是人们对汽车实现控制、使其按驾驶人的意愿而行驶的一些装置的总称。一般由"一盘、二杆、三踏板"组成，即转向盘、换挡操纵手柄（变速杆）、驻车制动手柄、离合器踏板、加速踏板和制动踏板六大操纵机构。熟练掌握这些操纵机构的正确使用方法和技巧，是每位汽车驾驶人必须具备的基本操作技能，更是保证行车安全的关键。

进行驾驶实习之前,首先要了解上述机构的作用、使用方法及操作要领。

图 1-1 宇通 ZK6127 客车的驾驶区域

(一)转向盘的正确操作

1. 转向盘的握法

两手分别握稳转向盘的左右两侧,四指由外向内握,大拇指在内沿靠住盘缘自然伸直。一般左手握在相当于时钟 9 时至 10 时之间的位置,右手握在 3 时至 4 时之间位置,如图 1-2 所示。过高过低都会影响转动转向盘的速度。操纵时应以左手为主,右手为辅。

2. 转动转向盘的方法

转动转向盘一般有 3 种方法:修正方向法、传递方向法和两手交替法。

图 1-2 转向盘的握法

1)修正方向法

适用于直线行驶。操作时双手应平稳自如地操纵转向盘,切忌不必要的晃动。当车辆偏离行驶路线时才稍做修正。转动的幅度要小,以刚刚克服转向盘自由行程为宜。操作要领是少打少回,及时打及时回。

2)传递方向法

适用于一般转弯。以左转弯为例,操作要领是左手拉动右手推送,不换手在 180°范围内转动,打多少回多少,如图 1-3 所示。

3)两手交替法

适用于大角度转向,如急转弯、掉头等。操作要领(以向右交替打方向为例):右手拉至 5 时至 6 时位置时放开,待左手推至 2 时左右时,腾出的右手经左手腕上面握住 10 时至 11 时位置拉动转向盘,左手放开下移至 6 时至 7 时,换向继续推送,如图 1-4 所示。

a)左转弯打方向　　　　　　　　　　b)回正方向

图1-3　传递方向法

图1-4　两手交替法

3. 操作注意事项

（1）在不同的道路上行驶，握转向盘的用力应不同，握稳而不握死。尤其在高低不平的道路上行驶时，两手更应握稳，防止因颠簸产生的作用力使转向盘猛烈抖动或转动，击伤驾驶人的手指或手腕。

（2）转向盘转动的角度与速度，要与转弯的角度与车辆行驶的速度相适应。

（3）避免双手同时脱离转向盘或交叉着双手同时长时间地握着转向盘。

（4）车轮不动时，不得转动转向盘，以免损坏转向传动机件和加速轮胎的磨损。

任务实施

一、训练内容

（1）转向盘的正确握法。

（2）体会转向盘的自由行程。

（3）修正方向法训练。

（4）单手控制方向训练。

二、训练场地选择及要求

教练实训场内：车辆停正，前轮回正。

三、训练实施

（1）教练员讲解、示范。

（2）学员依次训练，边口述边做动作，教练及时指正，其他学员徒手模拟训练。

（3）以四项训练内容为一套动作，每套动作应达到以下时间及要求，见表1-1。

转向盘训练实施内容　　　　　　　　　表1-1

序号	训练内容	训练要求	备注
1	转向盘的正确握法	保持30s以上	
2	体会转向盘的自由行程	5次×5组	
3	修正方向法训练	10次×5组	幅度小,遇有阻力即可,不打"死轮"

(二)离合器踏板的正确操作

1. 离合器踏板的操作方法

操纵离合器踏板时,应用左脚掌踏在离合器踏板上,靠膝和踝关节的屈伸力量,踏下或放松,如图1-5所示。操纵离合器踏板时以"快踏慢抬"操作为好:快而不猛,迅速一踩到底;慢中也要注意不同层次,遵循"二快、二慢、一停顿"的原则:

(1)一快:即开始抬离合器踏板时动作要快。

(2)一慢:当离合器踏板抬至即将进入动力连接状态时(初联动),动作要慢。

(3)一停顿:当离合器踏板抬至刚进入动力连接状态时(半联动),动作要稍有停顿。

(4)二慢:当离合器踏板抬至完全接合后(全联动),动作要慢抬离合器。

(5)二快:当离合器踏板抬至自由行程时,迅速将脚从离合器踏板上移开。

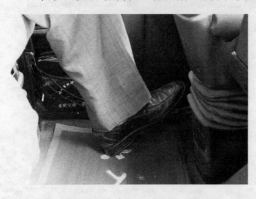

图1-5　离合器踏板的操作方法

2. 操作注意事项

(1)操纵时,不允许用脚尖、脚掌心和脚后跟踩踏离合器踏板,以免操纵无力或滑离踏板。

(2)半联动只能在起步、动力不足或控制车速(5km/h以下)时短时间使用。

(3)开车过程中,不要长时间把脚放在离合器踏板上,防止机件加速磨损。

(4)汽车在中高速行驶过程使用制动时,禁止踩下离合器踏板;当车速降至10km/h以下或接近停车时,方能踩下离合器踏板,切断动力传递,使汽车平稳停车。

任务实施

一、训练内容

(1)离合器踏板踩、抬训练。

(2)感知离合器的联动点。

二、训练场地选择及要求

(1)离合器踏板踩、抬训练:在教练实训场内进行。

(2)感知离合器的联动点:选择在一坡道上进行。

三、训练实施

每位学员以10次的踩、抬动作训练为一组,至少达到5组以上的训练量。训练的重点是抬起的层次感。刚开始时,可允许学员看左脚,等熟练后则目视前方。

离合器联动点的感知由教练员操作,车辆发动后,做起步动作,当离合器踏板至联动点时,提醒学员感知发动机声音的变化和车辆的抖动。在确保安全的情况下,当离合器踏板未到联动点时(发动机声音无变化、车辆无抖动)松开驻车制动,车辆出现后溜现象。通过此项训练增强学员对联动点的认识和感知,明白联动点的重要性。

学员的训练可安排在后期起步训练时进行。

(三)变速器的正确操作

1. 变速器的操作方法

左手握稳转向盘,右手掌心自下轻贴手柄,五指自然握住手柄,如图 1-6 所示。变速时以手腕、肘关节适当的力量操纵变速杆,以实现摘挡或挂入某一选定的挡位。换挡时,要做到及时、正确、平稳、迅速、到位。

图 1-6 变速杆的握法

2. 操作注意事项

(1)变速杆移入空挡位置不要来回晃动。

(2)凭感觉找准挡位(图 1-7),不得低头观察。

(3)切忌强拉硬推变速杆。

任务实施

一、训练内容

(1)感知每个挡位的位置。

(2)掌握加、减挡的路线。

二、训练场地选择及要求

(1)教练实训场或驾驶模拟教室,车辆不起动。

(2)初始训练时,只练习手感,即踏下离合器踏板后,进行逐级加、减挡的操作。挡位熟悉后,再加入左脚和右脚的动作。

图 1-7 变速器挡位

三、训练实施

(1)教练员讲解、示范。

(2)在教练员口令的指挥下,以逐级加至5挡再逐级减至1挡为一次,每组5次,不少于10组的训练量。

(四)加速踏板的正确操作

1. 加速踏板的操作方法

加速踏板的正确使用,是经济节油、平稳行车的关键,也是衡量驾驶人操作技术水平的基本标准之一。操作加速踏板时,应将右脚跟放在驾驶室底板作为支点,右脚掌轻踏在加速踏板上,以脚跟为轴,用踝关节的伸屈动作下踏或放松,使踏板上下运动,如图1-8所示。

2. 操作注意事项

踏放加速踏板时,用力要柔和,做到"轻踏、缓抬",均匀加减,不可忽踏忽抬或连续抖动,以免影响平稳行车。

图1-8 加速踏板的操作方法

任务实施

一、训练内容

(1)掌握加速踏板的位置及正确的操作方法。

(2)加速踏板与离合器踏板的协调配合训练。

二、训练场地选择及要求

教练实训场,起动发动机。

三、训练实施

(1)教练员讲解、示范。

(2)学员根据发动机声音大小感知加速踏板的控制力度。

(3)加速踏板与离合器踏板的协调配合训练(模拟换挡时两脚的配合),每组10次,训练量不少于10组:

第一步:准备动作(左脚放在离合器踏板的左下方,右脚稍踩下加速踏板)。

第二步:右脚抬,左脚踩。

第三步:左脚抬,右脚踩。

训练时应注意:刚开始训练时,左右脚的动作是有先后的;熟练以后两脚的动作几乎是同时进行的。抬离合器时要继续体会抬时的"层次感",特别是"停顿点"要明显。

(五)制动器的正确操作

合理、正确的使用制动器,是保证行车安全的重要条件之一,也是驾驶人的一项重要的操作技术。其使用得当与否,直接关系到汽车的行驶安全和乘客的舒适感。

汽车制动器分为驻车制动器(手制动)和行车制动器(脚制动)。

1. 驻车制动器操纵杆的操作方法

目前,大多数客车使用气压式的驻车制动器,其操纵杆设在驾驶人左侧窗台副仪表台上或驾驶室仪表台左侧,如图1-9所示。

图1-9　驻车制动器操纵杆位置

操作方法为:左手四指并拢,向上向后拉动操纵杆,即起制动作用。向上向前推动,驻车制动解除,如图1-10所示。

图1-10　驻车制动器的操作方法

其他车型的驻车制动器一般还是设置在驾驶室右侧底板。操纵时,四指并拢握住操纵杆,大拇指虚按在操纵杆顶的按钮上,向上或向后拉紧,即起制动作用;放松时,先将操纵杆稍向上或向后拉,然后用大拇指按下杆头上的按钮,再将杆向下或向前推送到底,即解除制动。有些高档轿车的驻车制动器采用按钮式和脚踏式,如图1-11所示。

图1-11　不同车型的驻车制动器

行驶中,一般不用驻车制动器来减速,也不得在车辆未停稳之前就拉驻车制动器操纵杆。只有在紧急情况下,为了增加制动效能,驻车制动器才能与行车制动器一起使用。

2.行车制动踏板的操作方法

行车制动器,根据机械装置不同,分为气压制动和液压制动两种。操纵制动踏板时,两手应握稳转向盘,腰背部靠实座椅靠背,右脚掌平放在踏板上,以膝关节的伸屈踏下或抬起,

图 1-12　行车制动踏板的操作方法

使踏板上下运动,如图 1-12 所示。

目前客车上基本都配置了 ABS(防抱死制动系统)。制动时,用力踩下踏板并踩住不放松,这样才能保证足够和持续的制动力,使 ABS 有效地发挥作用。

任务实施

一、训练内容

(1)驻车制动器操纵杆的操作训练。

(2)行车制动踏板的操作训练。

(3)加速踏板、制动踏板之间的移动训练。

二、训练场地选择及要求

教练实训场,储气筒的气压在正常状态。

三、训练实施

(1)以 5 次拉、松驻车制动器操纵杆为一组,保证 3 组的训练量。

(2)行车制动的训练,体会"轻—重—轻"方法,以 5 次为一组,保证 5 组的训练量;"轻—重—轻":先轻踩➡加重➡稍回➡再轻踩。

(3)加速踏板、制动踏板之间的移动训练:在教练员口令的指挥下完成,每组 10 次,训练量不少于 5 组。

二、客车仪表、信号装置和开关的运用

为了保证汽车行驶安全和工作可靠,汽车上装有各种仪表、信号装置和开关。

(一)仪表及指示灯

汽车仪表反映汽车发动机及其他部件的各种动态指标,以便驾驶人随时了解各系统的工作状况,保证汽车安全可靠地行驶。

车上常用的仪表有发动机转速表、车速里程表、电压表、冷却液温度表、燃油表、气压表、机油压力表等,它们通常与各种信号灯一起安装在仪表板上,称为组合仪表,如图 1-13 所示。

图 1-13　客车组合仪表

1. 发动机转速表(图 1-14)

发动机转速表用于显示发动机的瞬间转速,转速表有助于驾驶人节油驾驶。

1) 从指针读数区分

(1) 0～900 r/min:急速状态下(包括空调使用),长期在此状态下工作,发动机汽缸会积炭,影响发动机的使用寿命,不建议长时间在该状态下工作。

(2) 900～2000 r/min:此时发动机工作性能稳定,也称经济行驶阶段,发动机的最大转矩也在此范围。

(3) 2000～2500 r/min:一般为急加速行驶时使用,如超车,不宜长时间使用。

(4) 2500 r/min 以上:为红色区域。

> 注意
> 不要让发动机转速进入红色区域,否则可能会导致发动机损坏。

2) 从指针指示的色彩区域区分

(1) 绿色:最佳经济运行。

(2) 绿色影区:经济运行。

(3) 红色影区:发动机额定转速。

(4) 红色:警示区(速度过高,危险!)。

2. 车速-里程表(图 1-15)

车速-里程表指示汽车行驶速度和累计运行总里程,单位为 km/h(公里/时)。有些客车车速里程表带有行车记录仪。

累计运行里程范围为 0～999999km。行程归零钮使行程表复位到零。

图 1-14 发动机转速表　　　　图 1-15 车速-里程表

3. 电压表(图 1-16)

电压表指示蓄电池充放电的状态。

电压表在发动机停止运转时,指针读数为蓄电池电压值;发电机运转时,指针读数为发电机输出的电压值。

4. 冷却液温度表(图 1-17)

指示发动机冷却液的工作温度。测量范围为 40～120 ℃,一般应保持在 80～90℃的范围内。

当点火开关在"ON"位置时,即显示发动机冷却液的温度。发动机转动时指针指在红色区域,则说明发动机过热,应立即停车查明原因。行车时,要时刻注意发动机冷却液温度是否保持正常。发现冷却液温度过高时,不可立即熄火,应使发动机怠速空转,待冷却液温度下降后方可熄火进一步检查。

图1-16　电压表　　　　　　图1-17　冷却液温度表

若冷却液温度过高(大约100℃)时,仪表板上的故障报警"STOP"灯和冷却液温度报警灯亮起,同时会有蜂鸣报警。

5. 燃油表(图1-18)

燃油表指示汽车燃油箱内的存油量。当点火开关处于"ON"的位置时,该表就起作用。0为油箱已空,1为油箱已满。

当仪表快指示到0位,仪表指示灯中 ⛽ 点亮时必须及时加油。不要将油箱中燃油耗完。如果油箱已完全抽空,则应该使用发动机舱内的手动泵送燃油。

6. 空气压力表(图1-19,液压制动车辆无此装置)

空气压力表有两只,分别指示储气筒前、后腔气压。

空气压力表的指示范围为0~10×0.1MPa,在行驶中,制动系统气压应保持在784~833kPa范围内。

指针指在白色区域,车辆方可起步行驶。如果气压表显示气压低于550kPa,仪表板上的故障报警"STOP"灯和对应的前、后气压报警指示灯点亮,并有蜂鸣报警声,此时严禁

图1-18　燃油表

行车。

7. 机油压力表(图1-20)

在发动机工作时,机油压力表指示发动机润滑系统主油道中机油压力。

正常的压力范围为220~550kPa,当机油温度比较低时,机油压力表显示的压力比正常温度下的压力要高,一旦发动机温度正常后,机油压力表显示正常油压范围内的数值。

若机油压力表显示的油压过低,会有蜂鸣报警,请立即关闭发动机。查找并确定原因,检查油面并解决问题。

项目一 大客车基础驾驶训练

图1-19 空气压力表

图1-20 机油压力表

8. 指示灯和警示灯

客车的仪表指示灯比较多，一般指示灯分为3种类型：

（1）显示功能，如转向指示灯、远近光灯指示灯、示廓灯指示灯等，一般灯光颜色为蓝色或绿色。

（2）提醒功能，如制动片磨损、燃油下限指示、发动机故障指示等，这类灯光一般为黄色，提醒驾驶人尽快进行处理，一般不影响行驶。

（3）警告灯，如发动机冷却液温度报警指示灯、机油压力报警指示灯等，一般灯光颜色为红色，主要是在车辆出现故障或异常情况时进行警示，此类灯亮时应引起驾驶人高度重视。

因此，在行车过程中，驾驶人一定要养成经常看仪表的习惯，注意行车过程中各种指示灯是否点亮或闪亮，以便掌握车辆的状况，图1-21所示为客车仪表指示灯，各图形所代表的含义见表1-2。

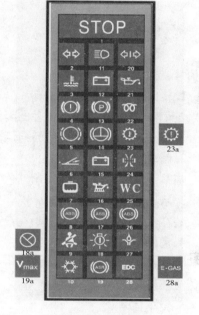

图1-21 客车仪表指示灯

客车仪表指示灯的含义　　　　　表1-2

序号	含义	序号	含义
1	故障显示，随标识警示灯一同亮起	10	空调系统
2	转向指示灯	11	远光灯指示
3	冷却液温度/发动机风扇	12	发电机充电指示
4	储气筒压力过低报警灯	13	驻车制动
5	制动摩擦片过量磨损显示	14	缓速器指示
6	车顶窗	15	电池低电压显示
7	冷却液液位	16	发动机油油位
8	防抱死系统指示灯	17	防抱死系统，拖车故障
9	座椅安全带检查	18	灯泡故障显示

· 11 ·

续上表

序号	含 义	序号	含 义
18a	转向系统故障	23a	变速器故障
19	防侧滑系统	24	空气滤清器堵塞报警
19a	限速系统故障	25	盥洗室
20	转向指示,拖车	26	防抱死系统指示灯(备用)
21	发动机油压报警	27	集中润滑系统
22	发动机预热指示系统	28	柴油电控
23	变速器液体温度	28a	发动机电控

(二)信号装置

为引起其他车辆和行人的注意或指示本车的运行意图,保证行车安全,客车上也装有各种信号装置。

1. 转向信号

汽车转弯时,发出明暗交替的闪光信号,以表明汽车向左或向右转向行驶,一般为橙色。打开转向开关时,点亮相应的转向灯。客车前部、后部及侧面各设有左右两组。

2. 制动信号

当踏下制动踏板时,便发出红色光,指示本车正在减速。制动信号受制动灯开关控制。

3. 示廓信号

装在汽车前后两侧的边缘,在汽车夜间行驶时,用来指示汽车的宽度。

4. 危险报警信号

由左右转向灯同时闪烁表示,俗称"双跳灯"。在紧急情况下,按下危险报警灯开关,发出闪光信号用来报警。

5. 倒车信号

倒车信号装置包括倒车灯和倒车报警器。当挂上倒挡时点亮,以警示行人及其他车辆注意安全。

(三)开关

1. 点火开关

点火钥匙位置如图 1-22 所示。

(1) LOCK:此位置为起动钥匙插入、拔出位置(插入钥匙后整车电源被接通)。

(2) ACC:在此位置 TV、VCD、卡带机等电源被接通。

(3) ON:正常行驶位置。

(4) START:发动机起动位置,发动机起动后,其钥匙自动弹回"ON"位置。

图 1-22 点火开关

> 注意
> （1）当车辆安全停好后，才可将点火钥匙拔出。
> （2）按规定汽车上每次使用起动机的时间不得超过5s，再次起动时间应歇10～15s，以便使电解液充分地渗透，保证蓄电池的使用寿命，严防启动继电器主触点烧死。

2. 灯光组合开关

1）远、近光灯开关

打开翘板式灯光总开关（图1-23）至第二挡。

如图1-24所示，向上轻抬组合开关至1位时，近光指示灯亮起；向上轻抬组合开关至2位时，远光指示灯亮起；向下按动组合开关从2位到0位时，远光指示灯关闭；连续轻抬数次操作手柄实现远、近灯光交替，为超车挡。

图1-23　灯光总开关

图1-24　远、近光灯开关

2）转向灯开关（图1-25）

向前轻推组合开关手柄至位置1，右转向灯持续闪烁；向后轻拉组合开关手柄至位置2，左转向灯持续闪烁；当转向盘回复到正位时，开关手柄弹回0位置。

3）刮水器组合开关

转动开关：0——关闭；Ⅰ——慢速；Ⅱ——快速；J——间歇。

按图示按压按钮1，风窗玻璃清洗器工作，如图1-26所示。

图1-25　转向灯开关

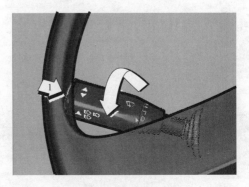
图1-26　刮水器组合开关

图1-27　大客车翘板开关

> **注意**
> 在冰冻气候条件下开车前,应确保刮水器没有被冻结在风窗玻璃上。

3. 翘板开关(图1-27)

当按下开关时,开关里面的指示灯亮起,显示开关正常工作。

当示廊灯工作时,所有未按下的开关上都会有亮光标识,有助于驾驶人在黑暗中找到相应开关,具体开关的含义见表1-3。

翘板开关及含义　　　　　　　　　　　　　　　表1-3

图片	名称	翘板开关含义	图片	名称	翘板开关含义
	电源总开关	单挡;单挡用于控制除紧急灯、电子钟计时器和外摆门等其他用电器电源		电视开关	单挡;用实现电视的开启、关闭,若是电动翻转电视,可以实现电视的翻转及回位
	危险报警灯开关	单挡;用于实现前后两侧转向灯的开启及关闭,起到警示的作用		气囊复位开关	单挡;自动复位,用于恢复气囊标定自然高度
	缓速器脚控开关	单挡;用于实现缓速器脚控功能的开启及关闭		Kneeling开关	单挡;在空气悬架上安装ECAS系统中,控制车身的倾斜与复位
	灯光总开关	双挡;1挡:示廊灯亮 2挡:组合开关实现远光、近光灯的开启及关闭		喇叭控制开关	单挡;用于实现电喇叭及气喇叭的工作切换
	行李舱灯开关	单挡;用于实现行李舱灯的开启及关闭		气囊升降开关	双挡自动复位开关;1挡:气囊升起,开关复位后气囊停止上升;2挡:气囊下降,开关复位后气囊停下降

续上表

图片	名称	翘板开关含义	图片	名称	翘板开关含义
	阅读灯开关	双挡;用于实现乘客区阅读灯的开启及关闭		驾驶人窗升降开关	单挡;用于控制电动驾驶人窗的升降
	装饰灯开关	单挡;用于实现车内及车外装饰灯的开启及关闭		乘客门内外应急阀报警灯	单挡;当应急阀盖未关好或处于断气时此灯亮
	前雾灯开关	单挡;用于实现前雾灯开关的开启及关闭(小灯开启时)		前门控制开关	单挡自动复位开关;用于实现前门的开启及关闭
	后雾灯开关	单挡;用于实现后雾灯开关的开启及关闭(前雾灯及小灯开启时)		中门(后门)控制开关	单挡自动复位开关;用于实现中门(后门)的开启及关闭
	驾驶人灯开关	单挡;用于实现驾驶人照明灯的开启及关闭		踏板取暖开关	单挡;用于实现踏板取暖系统电路的开启及关闭
	厢灯开关	双挡;用于实现乘客区照明灯的开启及关闭。1挡:车内一半厢灯亮;2挡:车内厢灯全亮		暖风水泵开关	单挡;用于实现驾驶人风扇的开启及关闭
	驾驶人风扇开关	单挡;用于实现驾驶人风扇的开启及关闭		电动遮阳帘开关	双挡自动复位开关;1挡:遮阳帘下降,松手即停止下降。2挡:遮阳帘上升,松手即停止上升
	换气扇开关	双挡;实现换气扇的开启及关闭。1挡:换气扇电动机正向运转。2挡:换气扇电动机反转		右侧舱门开关	单挡自动复位开关;用于控制右侧舱门的开启及关闭

续上表

图片	名称	翘板开关含义	图片	名称	翘板开关含义
	除霜器开关	单挡；用于实现前风窗除霜功能的开启及关闭		左侧舱门开关	单挡自动复位开关；用于控制左侧舱门的开启及关闭
	ABS 诊断开关	单挡自动复位开关；当 ABS 有故障时按下开关进行检侧和清除故障		倒车镜除霜开关	单挡；按下时倒车镜片电加热除霜
	电喷发动机诊断开关	单挡；用于检测发动机故障，开关自动回位		驾驶人窗加热开关	单挡；按下时驾驶人窗玻璃电加热除霜
	卫生间开关	单挡；控制卫生间电路的开启及关闭		散热器开关	单挡；用于实现强制散热器水泵电路的开启及关闭
	水暖开关	单挡；用于实现水暖控制电路的开启及关闭		燃油预热开关	双挡；1 挡：加热燃油输油管路；2 挡：加热燃油输油管路和燃油滤清器
	卫生间排污开关	单挡；用于卫生间排污控制系统的开启及关闭			

4. 喇叭按钮

喇叭按钮位于转向盘中部，如图 1-28 所示。打开点火开关，下压转向盘中部的喇叭按钮，此操作控制电喇叭。

5. 缓速器开关

缓速器操纵手柄位于转向盘右侧，分五个挡位，如图 1-29 所示。缓速器能够在任何挡位上使用，例如，下长坡行驶时，或者在高速行驶过程中降低车速。缓速器可以减少行车制动的磨损，使其在紧急制动中达到好的效果。缓速器减速平稳并能够分级减速制动。在缓速器减速时，变速器仍然可以换挡。

0挡:关闭;1挡:1/4作用;2挡:1/2作用;3挡:3/4作用;4挡:最大作用。

图1-28 喇叭按钮

图1-29 缓速器开关

注意
(1)有发生事故的危险——如果路面光滑或有冰,不要打开缓速器。
(2)有侧滑的危险——不要将缓速器当作驻车制动器使用。因此,在离开车辆时要使用驻车制动器。
(3)在使用防抱死制动系统时,缓速器会被自动断开。
(4)如果总是使用缓速器制动,行车制动器的蹄片会因为老化而变硬。
(5)在使用缓速器的时候不要加速。
(6)要逐级使用缓速器(不要快速的越级使用),只有在紧急情况下需要的时候,才可以越多级使用缓速器。

三、车身附件及安全设备

1. 座椅调节(图1-30)

(1)体重调整。根据使用者自身体重,旋转负荷调节手柄,直到感觉舒适为止。顺时针旋转负荷手柄,则体重增加,反之体重减小。

(2)前后调整。用手轻轻向上拔起前后调整手柄,前后推动座椅整体,使其达到理想位置,放下手柄,自动锁定。

(3)靠背角度调整。靠背角度调整时,先扳起靠背角度调整手柄,前后转动靠背,直到满意位置后,松开手柄,锁住靠背位置。

(4)座椅倾角调节(后、前)。
按箭头方向扳动手柄,可调节前部或后部座椅面倾斜角度。

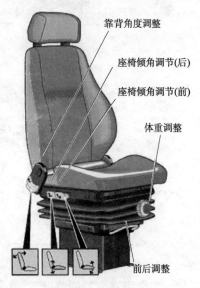

图1-30 座椅调节

注意

(1)座椅前后调整要到位,必须听到座椅调节到位锁定的声音,防止锁止部件损坏。

(2)前后调整和靠背角度调整,应将手柄向上扳到位,以保证结构完全脱离,再进行调整。

(3)调整完毕后,各手柄回位应到位,确保各部位锁止可靠。

(4)车辆行驶时不要调节座椅,只有车辆稳定时才能调节座椅。

2. 外部后视镜调节

外部后视镜具有后视镜主镜面的电动转动、后视镜主镜面和副镜面的电动除霜的功能。

1)外部后视镜调节按钮

外部后视镜镜面的调节按钮在点火开关位于"ON"时起作用。

旋转此旋钮使其上面的白色标记对正"L"时,可调节左侧后视镜;当白色标记对正"R"时,可调节右侧后视镜,如图1-31所示。

调节时,左右拨动此旋钮可调节左右后视视野;上下拨动此旋钮可调节上下后视视野。

2)后视镜除霜开关

后视镜除霜开关在点火开关位于"ON"时起作用。

按下此翘板开关的标识端,后视镜的除霜功能开始;松开此翘板开关,后视镜的除霜功能停止,如图1-32所示。

图1-31 调节右侧后视镜

图1-32 后视镜除霜开关

注意

当镜面结霜解除后请立即松开后视镜除霜开关,以免造成电路损坏。

3. 安全带使用

安全带在危险的情况下,能最大限度地保护驾驶人和乘客的安全。

1)佩戴方法

轻拉锁舌将安全带横过胸前及髋部,检查是否打结、扭转。

将锁舌插入锁体内,直到听到它与锁体的齿合声为止,如图1-33a)所示。
腰部的安全带必需紧贴骨盆部,尽量往下系牢,调整肩部的安全带,使其与髋部紧贴。

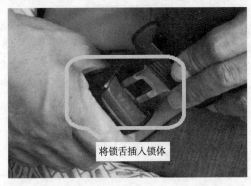
a)佩戴

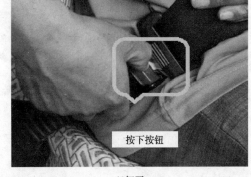
b)解开

图1-33 安全带的使用

2)解开方法

按压座椅锁体上的按钮,如图1-33b)所示,即可弹出锁舌,松开安全带,锁舌侧的安全带收卷器可将安全带自动卷回。

4. 乘客门应急开关

紧急情况下,右旋红色旋钮,即可泄掉气压,手动推开相应车门,如图1-34所示。

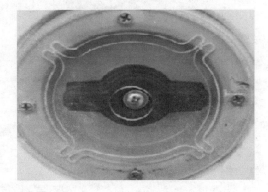

图1-34 乘客门应急开关

使用方法:

(1)打开护罩。

(2)将手柄顺时针旋转90°,门泵气缸泄压。

(3)按照车门开启方向推开车门。

(4)使用完后将手柄复位,否则影响正常操作。

5. 应急出口

1)车窗

侧窗、后风窗、乘客门玻璃一般为钢化玻璃,如图1-35所示。发生紧急情况时,可以使用安全锤[图1-36a)]击碎侧窗、后风窗、乘客门玻璃逃生。前风窗玻璃为夹胶玻璃,能击破,但不容易碎裂。

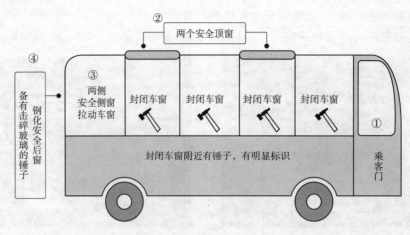

图1-35　应急出口车窗

正确使用安全锤方法:握住锤身用金属头用力敲击车窗玻璃的四角及边缘,如图1-36b)所示。钢化玻璃最中间部分是最坚固的,四角和边缘是最薄弱,所以用力敲击玻璃的四角及边缘,逃生的概率更大些。

a)车窗安全锤　　　　　　　　　　　b)安全锤的正确使用

图1-36　车窗安全锤

紧急逃生击窗系统

有些客车配备了紧急逃生击窗系统,如图1-37所示。不需要安全锤敲击玻璃,通过线控或遥控启动装置,在0.1s的时间内将全部玻璃"击碎",从而打开所有的车窗通道,使被困人员能够在第一时间通过窗口成功逃生,效果比安全锤更明显。

2)顶风窗

车顶紧急出口(顶风窗)是用手动开启的,如图1-38所示。在紧急情况下,迅速打开顶风窗上的开启手柄盖板后,向左或向右扳动红色手柄90°,出口装置即会弹射打开,然后将顶窗盖向车外推开形成安全出口通道。

6. 灭火器使用

车载灭火器一般为手提式干粉灭火器,其摆放位置如图1-39所示,使用方法分三个步骤,如图1-40所示。

图1-37 紧急逃生击窗系统

图1-38 顶风窗

图1-39 灭火器的摆放位置及提示

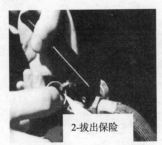

图1-40 车载灭火器的使用方法

发动机舱内自动灭火装置

　　自动灭火装置主要由热敏线和干粉喷粉装置组成，如图1-41所示。喷粉装置安装在发动机高温热源部件上方，当发动机舱内起火（或高温）引燃了热敏线时，自动引爆干粉喷粉装置，达到自动灭火效果。驾驶室仪表板上也有自动灭火器手动按钮（图1-41）可开启灭火器控制火情。

四、口令与手势

　　在驾驶教学中，教练员的指挥信号通常有两种表达方式，即语言表达和手势表达。有时，教练员为了强调某种信号的重要性，会同时使用两种方法。

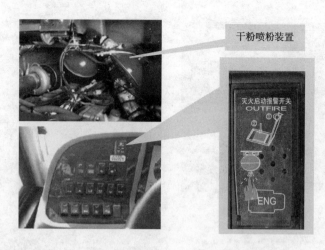

图 1-41　自动灭火装置及按钮

1. 口令

教练员在向学员传授技术和知识时,最常用且简单有效的方法是语言的表达。尤其是行车中指示学员处理情况,语言力求简明、通俗,含义明确,一听就懂。教练的口语带有命令的口气,所以称之为口令。表 1-4 是驾驶教学中常用的口令,教练员和学员都必须熟练掌握,达到"会表达,能理解"的程度。

驾驶教学中常用的口令　　　　　　　　　　　　　　　　表 1-4

序号	口令内容	口令释义
1	走	一般用于起步时或处理情况、转弯减速以后加速前进
2	快点	即加油。一般用于需要适当地提高车速的时候
3	慢	即松加速踏板,必要时还要踩制动。一般用于需要礼让或减速通过的时候
4	松加速踏板	一般用于前方有情况,以滑代制动或松加速踏板,控制车速的时候
5	注意右(左)边	警告学员注意右(左)侧情况
6	靠右(左)	一般用于指挥车辆靠右(左)行驶
7	走中间	一般用于指挥车辆居中行驶
8	(前面)停	一般用于停车换班、定点停车或在处理情况过程中作预见性停车
9	快停	用于遇有紧急情况,需要迅速停车的时候
10	跟上	一般指跟上前车
11	拉开点(距离)	用于警告学员,不得与前车跟得过近,以防相撞
12	超(车)	用于指挥学员超车
13	别超	用于制止学员的超车举动
14	有超车	警告学员注意后面有超车,作出相应反应
15	注意	前方有情况,警告学员注意,采取相应措施
16	加挡	用于指示学员加挡时机
17	减挡	用于指示学员减挡时机
18	挂×挡	明确要求学员挂入指定挡位
19	按喇叭	用于指挥学员鸣号示警
20	左(右)转弯	指示学员向左(右)转弯,打开相应转向灯

2. 手势

车辆在行驶中,由于受到发动机的运转声和其他噪声的干扰,会影响口令的准确性,常常引起误会、误解。因此,手势有时也是一种很好的辅助表达方式。对某种特定的指向性指令,配以手势将更为明确、有效。常用的手势见表1-5。

常用的手势　　　　　　　　　　　表1-5

序号	内容	图解	动作
1	走		左手曲臂向前平伸,五指并拢,手指向下,掌心朝后,向前缓挥动数次
2	快		左手曲臂向前平伸,五指并拢,手指向下,掌心向下,向前上方急挥动数次
3	慢		左手曲臂向前平伸,五指并拢,上下缓缓摆动数次
4	靠左		左手曲臂向前平伸,五指并拢,掌心向左摆动数次
5	靠右		左手曲臂向前平伸,五指并拢,掌心向右摆动数次
6	靠边停车		左手曲臂向前平伸,五指并拢,先掌心向右挥动数次,以示靠边,然后掌心向下挥动后,停顿片刻,以示停车
7	快停		左手曲臂向前平伸,五指并拢,掌心向下急挥数次,同时发布口令"快停"
8	按喇叭		左手曲臂向前平伸,大拇指翘起,其余四指握住,向前下方按几次
9	注意		用左手食指指向前方障碍物,以示警告。要求学员注意哪里,就指向哪里
10	开(关)转向灯		手心向上,五指朝上,一伸(一握)数次,作闪动的样子

任务实施

(1) 学生做好预习:熟悉、理解相关内容。
(2) 教练员先示范、讲解。
(3) 教练员发出口令或做出手势,随机抽学生解释。

想一想

(1) 客车的操纵机构有哪些?
(2) 简述转向盘的正确握法和常用的转向盘转动方法。
(3) 简述离合器踏板的操作方法。
(4) 简述变速器的操作注意事项。
(5) 简述加速踏板的操作注意事项。
(6) 简述制动踏板的操作方法。
(7) 车上常用的仪表有哪些?
(8) 简述车载灭火器的使用方法。

任务二　原地驾驶训练

原地驾驶训练是汽车驾驶实习中最基础的项目。通过原地驾驶训练,可使学员进一步了解、体会各操作机件的操作方法以及动作之间的协调配合,从而为后阶段的实地驾驶操作奠定良好的基础。

一、汽车出车前的检查

(1) 检查车辆证件、牌照是否齐全,检查随车附品、装置、工具及备件是否齐全有效。
(2) 环绕车辆一周,检视车身外表和各部机件完好情况,有无漏油、漏水、漏气、漏电现象。
(3) 擦拭门窗玻璃,清洁车身外表,保持灯光照明装置和车辆号牌清晰。
(4) 检查燃油箱储油量、冷却液量、机油量、制动液量和蓄电池电量是否符合要求。
(5) 检查发动机风扇皮带有无老化、断裂、起毛现象,松紧度是否合适。
(6) 检查轮胎外表、气压,剔除胎间及胎纹间的杂物、石子,轮胎气压应符合规定标准,要注意带好备胎并放置牢固。
(7) 检查转向机构是否灵活,横、直拉杆等连接部位是否有松旷。
(8) 检查轮毂轴承、转向节主销是否松动,轮胎、半轴、传动轴、钢板弹簧等处螺母是否紧固。
(9) 检视驾驶室内各个仪表和操作装置的完好情况,检查灯光、刮水器、室内镜、门锁、安全门开关等是否齐全有效。
(10) 检查转向器、离合器踏板、制动踏板自由行程情况是否正常,离合器踏板与制动踏板自由行程应符合正常值,转向盘的自由转动量不得超过30°。
(11) 起动发动机后,检查发动机有无异响和异常气味,察看仪表工作情况是否正常。

> 注意
> 出车前如检查出有以下情况,在未消除前不得出车:
> (1)发动机在运转时有断火情况,或曲轴轴承、连杆轴承有响声。
> (2)漏油(燃料、润滑油)、漏水、漏气。
> (3)转向器不灵活或松动,或连接机件有松脱现象。
> (4)驻车制动器、行车制动器作用不良。
> (5)离合器接合和分离不彻底。
> (6)前轮轴承过松。
> (7)轮胎气压不足。
> (8)转向灯、前照灯、后位灯、制动灯和刮水器缺少或失效。

二、上下车规范动作和正确的驾驶姿势

以设有驾驶室门的客车为例,如图1-42所示。

1. 上车动作

进入驾驶室前,应认真观察车辆周围和道路上的情况,确认安全后,按以下要求操作:

(1)安全确认:确认车前车后无人无物。

(2)上车:左手打开车门、左脚上踏板、右手握转向盘的左下方、右脚进入并坐下、抬左脚。

(3)关门:先轻轻锁第一道开关,然后用力锁第二道开关。

(4)锁门:为安全起见请锁好车门。

图1-42 设有驾驶室门的教练车

2. 下车动作

(1)安全确认:从内外后视镜观察车前后左右有无情况。

(2)开门:采用"二次开门法"。先打开车门锁,然后用左手先将车门打开10cm左右,再次观察后方,确定安全后再开车门。

(3)下车:迅速下车。

(4)关门:再观察有无情况,然后先轻关后重推。

(5)锁门。

3. 正确的驾驶姿势

正确的姿势是学习驾驶的基础,保持正确的驾驶姿势是对驾驶人的最基本要求。正确的驾驶姿势如图1-43所示。

(1)身体对准转向盘坐稳,两手分别握住转向盘边缘的左右两侧。

(2)两眼向前平视,看远顾近,注意两边,头部端正,微收下颌,颈部肌肉自然放松。

(3)上身轻靠后背,胸部略挺,两膝分开,右脚以脚跟为支

图1-43 正确的驾驶姿势

点,脚掌轻放在加速踏板上,左脚自然地放在离合器踏板下方。

(4)正确的驾驶姿势能使人精力集中,感觉舒适,驾驶人可根据需要调整座椅,使其适合自身坐姿。坐姿应以可以用力转动转向盘,并能用脚充分踏下离合器踏板为合适。

任务实施

(1)先示范讲解,后组织训练。

(2)按上车动作 ➡ 驾驶姿势 ➡ 下车动作为整套动作进行训练。

(3)学生在训练时,边口述步骤边做动作,教练员发现错误动作及时指正。

(4)整套动作训练每人5次以上,每次保持正确的驾驶姿势至少2min。

三、发动机的起动、检查与熄火

1. 发动机起动

(1)首先检查驻车制动器是否处于制动位置。

(2)将变速杆置于空挡位置。

为确认变速杆是否放在空挡位置,可将变速杆试着做横向移动,可移动范围最大的就是空挡位置。

(3)踏下离合器踏板,并适度踏下加速踏板。

(4)将点火开关钥匙顺时针转动至"ON"位,接通点火开关。

(5)将点火开关向右转至"START"(起动)位置,听到发动机的起动声音后即可放手(如果没有起动起来,稍等一会儿再次起动)。

(6)待发动机运转平稳后,松抬离合器踏板,保持低速运转,严禁猛踩加速踏板。

> 注意
>
> (1)起动时应注意起动机的使用,每次不得超过5s;两次起动间隔时间应大于15s。如果连续3次仍无法起动发动机,则应检查油路、电路有无故障,排除后再行起动,不可勉强使用起动机。
>
> (2)发动机起动后,不能猛踩加速踏板,使发动机立即进入高速运转状态,否则会加速发动机的磨损,要在中低速空转一段(预热)时间,待发动机温度升高后再开动车辆。
>
> (3)发动机起动后,应检查仪表板上的机油压力过低报警灯、充电指示灯、发动机故障指示灯等是否已经熄灭,若未熄灭则说明车辆异常,要立即检查,待故障排除后再行起步。

2. 发动机熄火

当需要将发动机熄火时,关闭点火开关即可。停熄方法如下:

(1)将钥匙回旋到"ACC"位置,发动机熄火。

长时间停车时,应将发动机熄火,否则,会造成燃料的浪费,污染环境。

(2)取出钥匙须继续转动钥匙至"LOCK"位置。

项目一 大客车基础驾驶训练

> 注意
> （1）长时间、高速运转的发动机在熄火前应使发动机怠速运转 1～2min 后再关闭点火开关，避免在高速运转的情况下立即熄火。
> （2）当发动机温度过高时，不要立即熄火。应先用怠速降温，以保证缸体及机件均匀冷却，防止机体发生变形。
> （3）熄火前不要猛踩加速踏板，否则既造成燃油的浪费，同时又加剧了发动机的磨损。

任务实施

一、训练内容

发动机的起动和熄火训练。

二、训练场地选择及要求

有条件的先在驾驶模拟教室进行，等动作熟练后进行实车起动训练。

三、训练实施

（1）教练员讲解、示范。

（2）每组进行 3 次发动机起动、熄火训练，不少于 3 组。

四、架空训练

学生在进入基础驾驶训练前，安排汽车架空训练环节，其目的是为了让学生在车辆发动状态下，进行汽车各操纵机构的运用训练，加强动作之间的协调和配合。

从节能环保及训练效果看，首先应选择通过驾驶操纵机构模拟器进行练习，等动作熟练、协调后，再进行车辆架空训练。但如果暂时无相关设备，也可直接进行汽车架空操作训练。

1. 准备工作

用千斤顶顶起后桥，使后轮悬空，然后用两条铁凳分别架住后桥左、右两侧，铁凳凳面与桥壳接触处宜垫上木板，并用三角木分别塞住两前轮的前后，以防汽车前后溜滑。也可将前、后桥均顶起，使前后轮全部悬空，如图 1-44 所示。

2. 不发动训练

进行不发动车辆训练，主要目的是使学员了解各机件的操作顺序、要领及基本操作方法，从而对起步、换挡、停车的操作有一个初步认识。

图 1-44　车辆架空

操作建议

学生在上车前时，可能已经通过预习，熟记了各动作的操作顺序和方法。可是一到驾驶室就往往显得很紧张，在操作过程中易出现顺序错乱、动作遗漏等现象。因此，可采用"口令法"进行教学。通过教练员一个口令一个口令地指挥，使学员把动作一步一步地做好，养成良好的操作规程。

口令应短促有力,简洁明了,如"按喇叭!""挂2挡!""走!"等。

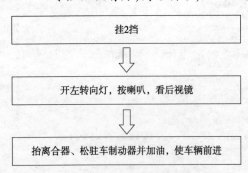

图1-45 起步流程

1)起步

起步流程如图1-45所示。

2)加挡动作

换挡训练可以将整个换挡动作按顺序和层次进行分解。加挡动作可以分解为3个部分:

(1)一踩脱:踩下离合器踏板同时松加速踏板,脱入空挡。

(2)二加挡:将变速杆换入高一级挡位。

(3)三抬加:慢慢抬起离合器踏板,同时缓缓踩下加速踏板。

3)减挡动作

减挡动作可分解为3个部分:

(1)一踩脱:踩下离合器踏板同时松加速踏板,脱入空挡。

(2)二减挡:将变速杆换入低一级挡位或越级换入更低一级挡位。

(3)三抬加:慢慢抬起离合器踏板,同时缓缓踩下加速踏板。

4)综合训练

开始,先抓好各口令的分解动作的连贯和配合,动作的连续允许稍慢一点。当动作协调后,口令转入正常速度,把整套换挡动作熟练地连贯起来。

(1)逐级加挡:由2挡逐级加到5挡,20次。

(2)逐级减挡:由5挡逐级减到2挡,20次。

(3)越级减挡:由5挡直接减到3挡、5挡减2挡、4挡减2挡。

此时只是练习动作,不涉及加、减挡时机。

3. 发动训练

原地起动后训练时,首先仍然先进行单个动作的训练,如起步、换挡、停车等。然后再把起步、换挡、停车等动作综合起来练习。

1)起步训练

起步时,重点体会当离合器踏板抬到半联动点时车辆的变化:车辆开始抖动或发动机的声音变小。这就是松开驻车制动的正确时机,从而保证顺利起步。

练习时,可反复踩抬离合器踏板,感觉车辆的变化。即:左手拉住驻车制动器操纵杆,抬离合器踏板,当感觉车辆抖动或发动机声音下降时,保持离合器踏板的状态。然后再踩下离合器踏板,再抬起离合器踏板,反复感觉变化。如感觉不明显时,可适当踩下加速踏板,保持一个稳定的加速踏板,则感觉会更加明显。

2)换挡的训练

正常行车过程中,其挡位的加、减都是需要一定的时机的,否则就可能挂不上相应的挡位。但在车辆架空后,挂挡时机的出现与能否挂上挡位没有必然的关系。所以此时可暂不考虑挂挡时机。但教练员可通过模拟发动机的声音或观察车速表指导学生挂挡。

3)综合训练

即把起动发动机、仪表观察、起步、换挡、停车作为一整套动作进行练习。掌握每个动作的顺序和操作要领,为进行实际驾驶打下良好的基础。

4. 转向训练

用三角木塞住后轮的前后,用千斤顶顶起工字梁,使前轮悬空,然后用两条铁凳分别架住工字梁左、右两侧,铁凳凳面与工字梁接触处宜垫上木板。

主要练习转动转向盘的三种方法:修正方向法、传递方向法和两手交替法。特别是两手交替法的训练。具体操作方法见本项目任务一。

任务实施

一、训练内容

(1)复习转向盘的正确握法、修正方向法和单手控制方向。
(2)传递方向法训练。
(3)两手交替法训练(重点)。

二、训练场地选择及要求

教练实训场内,车辆前轮架空或驾驶模拟教室。

三、训练实施

(1)教练员讲解、示范。
(2)学员依次训练,按照操作方法,以10~12个传递方向法的动作为一组,完成一组后轮换,每位学员至少完成5组以上。
(3)掌握传递方向法的动作以后,以15个两手交替法的动作为一组,完成一组后轮换,每位学员至少完成5组以上,见表1-6。

架空训练实施内容　　　　　　　　　　　　　　　表1-6

序号	训练内容	训练要求	备注
1	传递方向法训练	10~12次×5组	
2	两手交替法训练	15次×5组	

想一想

(1)简述客车出车前的检查内容。
(2)简述正确的驾驶姿势。
(3)简述发动机的起动和熄火方法。
(4)简述客车后桥架空的准备工作。

任务三　基本驾驶技能训练

基本驾驶技能训练是驾驶操作训练的初级阶段,是将单项、基本的驾驶操作连续综合运用的开始。包括起步、直线行驶、停车、加减挡、制动、转向、倒车、掉头和车辆停放等基本功。

一、车辆起步、直线行驶和停车技能训练

车辆起步、直线行驶和停车是驾驶人最起码的基本功,三项内容是有机结合、紧密相连的驾驶操作动作。

1. 车辆起步

车辆从静止状态到开始行驶的过程,称为起步。在学习初期,先进行"二者配合"(离合器踏板与加速踏板的配合)起步训练。

1)操作方法(图1-46)

在检查车辆上下和四周的情况,按规定动作进入驾驶室,正确起动发动机,保持正确驾驶姿势,观察各仪表工作正常后,再按下列步骤完成起步过程:

(1)松开驻车制动器操纵杆,踩下离合器踏板,将变速杆置于1挡或2挡的挡位。

(2)开左转向灯,鸣喇叭,同时观察车辆前方、左右、上方及后视镜,看有无妨碍起步的情况,特别要注意安全。

(3)抬起离合器踏板至联动点,待动力与传动部分连接时,离合器踏板稍停,逐渐加油,待车辆平稳前进后,松开离合器踏板。

1.点火

2.松驻车制动器

3.踩下离合器踏板

4.挂2挡

5.开左转向灯

6.按喇叭

7.看后视镜

8.松离合器踏板,加油

图1-46 车辆起步操作方法

注意

以上操作适用于汽车在平路或下坡起步。如果是上坡起步,则使用"三者配合"起步法。"三者配合"指的是离合器踏板、加速踏板和驻车制动器操纵杆三者之间的配合,如图1-47所示。主要目的是在上坡时防止车辆起步时后溜,发生交通事故。具体操作步骤见项目二的"任务四坡路驾驶技能"。

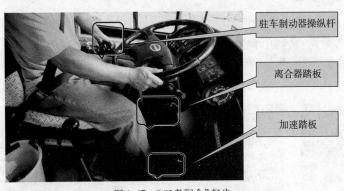

图 1-47 "三者配合"起步

2)操作要求

(1)起步操作顺序规范正确,动作有先后,不可遗漏。

(2)起步时,身体要保持正确的驾驶姿势,两眼注视前方,不可低头看挡位。

(3)车辆起步应平稳,无明显"冲动"、振抖现象,不熄火,操作动作准确无误。

3)操作要领

车辆平稳起步的关键是离合器踏板、加速踏板配合,重点是离合器踏板联动点的把握。因此要多体会,多练习,熟练掌握。

操作建议

训练初期,可用二者配合起步,即离合器踏板与加速踏板之间的配合,先松开驻车制动器操纵杆。当学员掌握熟练后,则利用上坡加强"三者配合"起步的训练。

2. 直线行驶

车辆平稳起步后,即进入直线行驶状态。练习时,车速应控制在 5~10km/h 范围内。

1)操作方法

(1)保持正确的驾驶姿势。

(2)目视前方,看远顾近,兼顾两边(用余光)。

(3)踏稳加速踏板,使发动机动力既无过剩,又无不足,保持匀速前进。

(4)转向盘的操纵应以"左手为主,右手为辅(随动或滑动)"。要坚持"及时修正,少转少回"的原则,避免汽车呈"S"形轨迹行驶。

2)操作要领

车辆保持直线行驶的关键在于转向盘的运用,双手用力要平衡,不宜过大。不要认为双手紧紧抓住转向盘保持不动,车辆就可以直线行驶了。应细心体会转向盘的自由行程,当发现汽车偏离正直的行驶方向时,先向相反的方向消除转向盘的自由行程,等汽车回正后再将转向盘适当修正。

3. 低速停车技能训练

正确停车是安全行驶的一个重要组成部分,因停车不规范而造成的事故占有相当的比例,因此掌握正确的停车方法,在安全行车的全过程中显得尤为重要。

停车应选在道路宽阔,视线良好,不影响交通的地方。

1)操作方法(图1-48)

(1)停车前,要通过内、外后视镜观察后方和右侧交通情况,打开右转向灯。

(2)松开加速踏板,通过滑行或制动减速,将车靠向道路右侧,尽量使车身保持正直。

(3)踩下离合器踏板,根据停车目标的远近,缓慢地踩下制动踏板平稳地停车。

(4)将变速杆置于空挡,停稳后拉紧驻车制动操纵杆,放松离合器踏板和制动踏板。

开右转向灯

第一把转向:靠边

第二把转向:领正车身

第三把转向:回正车轮

图1-48 低速停车操作方法

如果是熄火停车,其操作步骤:

(1)汽车停稳后,将变速杆挂入1挡位置,拉紧驻车制动器操纵杆。

(2)将发动机熄火,关闭转向灯。

(3)先松离合器踏板,最后松制动踏板。

(4)解脱安全带。

(5)观察汽车左侧、后方交通情况,确认安全后下车,下车后锁好车门。

2)操作要求

(1)停车平稳,靠边正直,不熄火,无严重"冲动"。

(2)操作顺序正确,无漏项。

(3)停车时要遵守交通规则,不允许在禁止停车的地点停车。

(4)停车后,车辆沿路边控制在0.3m以内。

3)操作要领

车辆停稳、停正的关键,在于制动和转向的运用。

首先根据车速的快慢和距离停车目标的远近松抬加速踏板,利用发动机的怠速牵阻作用降低车速,然后再轻踏制动踏板减速,并向右缓缓转动转向盘。

当接近目标时,把车速控制在10km/h以下,踩下离合器踏板,并及时向左回方向。

待车身正直靠右接近停车点时,稍加压力踩制动踏板。当车辆即将停住时,稍抬起制动踏板,同时向右回正方向,汽车即可平稳停住。

任务实施

一、训练内容

车辆起步、直线行驶、停车训练。

二、训练场地选择及要求

教练实训场内或选择交通流量小的直道。

三、训练实施

(1)教练员讲解、示范。

(2)以5次为一组,完成后轮换,每位学员至少完成10组操作。

二、加减挡技能训练

汽车在行驶过程中,要随时根据道路、地形和交通情况的变化改变行驶速度和牵引力,这就需要通过变换挡位来实现。换挡的实质是改变发动机与变速器输出轴的转速比,以适应行车需要。挡位越低,驱动车轮的转速也越低,获得的转矩和牵引力则越大;挡位越高,则相反。汽车挡位的区分和使用见表1-7。

汽车挡位的区分和使用　　　　　　　表1-7

挡位	分类	适用	特点	备注
1挡 2挡	低速挡	起步、爬陡坡、通过困难道路	速度慢、牵引力大,发动机温度易过高、燃料消耗大	行驶距离不宜过长
3挡	中速挡	转弯、过桥、交会和通过一般困难道路	行驶速度稍快	不适合长时间行驶
4挡 5挡	高速挡	高速行驶	速度快、节省燃料	适合长距离行驶

1. 操作方法

1)加挡操作

由低速挡换入高速挡的操作称为加挡。汽车起步后,只要道路条件和交通环境允许,就应及时地换入高一级挡位,直至最高挡,以提高车速。

(1)踩下加速踏板提高车速(当车速适合换入高一级挡位时)。

(2)抬起加速踏板,同时迅速踏下离合器踏板,将变速杆脱入空挡,随即挂入高一级挡位。

(3)松抬离合器踏板,同时平稳地踩下加速踏板,使汽车在较高车速下继续前进。

2)减挡操作

车辆在行驶中遇到阻力增加,或因道路交通条件限制,用原有的高速挡难以提供足够的牵引力时,就需要由高速挡换入低速挡,此操作称为减挡。

(1)抬起加速踏板,利用发动机牵阻作用或踩制动踏板减速。

(2)踩下离合器踏板,把变速杆脱入空挡,随即挂入低一级挡位。

(3)松抬离合器踏板,同时平稳地踩下加速踏板,使车辆继续前进。

2. 操作要求

换挡技术要求可归纳为八个字:及时、正确、平稳、迅速

(1)及时:掌握合适换挡时机,及时加挡或减挡。

(2)正确:离合器踏板、加速踏板、变速杆的配合要协调,挡位要正确。

(3)平稳:换入新的挡位后,放松离合器的踏板要及时平稳。

(4)迅速:动作迅速,以缩短换挡时间,减少汽车动能损失,降低燃料消耗。

3. 操作要领

运行中换挡的操作方法与原地驾驶操作方法是基本相同的,其操作的关键在于换挡时机的掌握。

1)加挡的操作要领

加挡前,必须要提高车速,俗称"冲车"。如果"冲车"恰当,那么在换入高一挡位后继续

加速时,不会出现动力不足和传动系统抖动等现象,即为换挡时机适宜,根据情况,再适时逐级加挡。若出现动力不足、车抖动现象,说明换挡时机过早,俗称"抢挡";若车速已经提高,发动机长时间动力有余,仍未及时换入高一级挡位,即为换挡时机过迟,俗称"拖挡"。"抢挡"或"拖挡",都会造成燃油消耗增加,发动机使用寿命降低。

2)减挡的操作要领

汽车在行驶时,路遇坡道、弯路或其他障碍时,车速下降,或经制动后发动机动力不足,应及时减挡。放松加速踏板后发动机动力不足或车速因制动降至下一级挡位的低中速时,即为减挡时机,一般情况下,减挡也应逐级减,如有必要也可越级减挡。

4. 操作提示

(1)换挡时两眼注视前方,保持正确的驾驶姿势,不得低头看挡位,以防方向跑偏,发生危险。

(2)当挂不进挡或齿轮发响时,不得强拉硬推。

(3)换挡结束,左脚不要放在离合器踏板上。

(4)在行驶中变速时,非特殊情况,不得越级换挡。

(5)在行驶中需挂倒挡时,必须待汽车完全停止后方可换挡。

(6)汽车在严寒季节起步后,用低速挡慢行,待传动系统各部分充分润滑后,再逐级换入高速挡。

一、训练内容

加、减挡综合训练。

二、训练场地选择及要求

选择交通流量小的直道。

在车辆起步后直行时,加入加、减挡训练。刚开始时车速不宜过快,挡位加至3挡后即可进行减挡操作,等动作熟练后可加至5挡。

三、训练实施

(1)教练员讲解、示范。

(2)变速综合训练,每组2次,不少于10组,操作步骤见表1-8。

变速综合训练操作步骤　　　　　表1-8

操作步骤	操作内容	备注
1	起步	
2	逐级加至5挡	
3	自然减速至2挡	松加速踏板减速
4	再逐级加至5挡	
5	使用制动减至2挡	制动减速
6	再逐级加至5挡	
7	使用制动越级减至3挡或2挡	
8	再逐级加至5挡后靠边停车	

三、制动技能训练

汽车是一种高速运输工具,由于汽车在行驶中经常受到地形和交通情况的限制,驾驶人就必须根据情况使车辆减速或停车,以保证行车安全。

(一)操作方法

汽车的制动方法分为预见性制动和紧急制动。

1. 预见性制动的操作方法

预见性制动,是行车过程中最常见的一种制动方式,它是指驾驶人对前方出现的车辆、行人及道路情况的变化、发展有所预料,提前做好了准备,所采取的有目的的减速或停车。

预见性制动分为预见性减速和预见性停车两种操作方法。

1)预见性减速的操作方法

当遇到一般情况需要降低车速时,右脚应离开加速踏板,并放在制动踏板上,利用发动机怠速牵阻作用降低车速。当情况解除后又可徐徐踩下加速踏板继续前进。

在使用发动机怠速牵阻减速不能达到预期要求时,再运用制动器进行减速。制动时要根据车辆惯性和障碍物的距离,轻踩制动踏板,但不要完全踩下,使车辆保持一定的余速,即所谓"刹慢不刹停",待情况解除后,立即换进相应挡位,再加速前进。

2)预见性停车的操作方法

当车辆在行驶中遇到路口红灯、前方交通堵塞等情况时,驾驶人预先有目的地采取制动措施将车停住,称为预见性停车。

其操作方法如下:

(1)先通过发动机怠速牵阻作用降低车速,要接近停车地点时,轻踩制动踏板,使车轮制动鼓"早踩长磨",以加快车辆减速。

(2)当车速降至10km/h以下时,踩下离合器踏板,并适当加大对制动踏板的压力。在离停靠地点5~8m时,保持车辆在到达停靠点前略有一点余速。

(3)待车辆将停未停时,制动踏板再稍许抬一点,然后轻轻踩下。这样可减少惯性冲动,使停车平稳,此法简称"轻—重—轻"的制动方法。

2. 紧急制动的操作方法

紧急制动是指驾驶人在行车过程中,遇有突然情况,为避免事故的发生所采取的紧急停车措施。紧急制动对汽车各机件和轮胎损害极大,有时也会因为左、右轮制动力不一致而发生汽车的"侧滑"和"跑偏",使方向失去控制而危及安全。因此,不到迫不得已不要使用。

其操作方法如下:遇有突然情况,双手握紧转向盘,后背紧靠座椅靠背,右脚迅速"收油"——放松加速踏板,并果断用力踩下制动踏板。

有时为了充分发挥车辆的最大制动能力,在使用行车制动器的同时,还可辅以拉紧驻车制动器操纵杆,使车辆尽快减速或停住。

(二)操作要求

在行车过程中,要正确、合理地使用制动器,使汽车平稳的减速或停车,从而保证安全。

(三)操作要领

(1)踩制动踏板时,要靠脚的感觉操作,不能注视制动踏板。

(2)踩制动踏板的行程、速度、力度要根据需要而定,不能一次用力踩到底。

(3)在行车过程中,要做到早发现情况,采用预见性制动方法避开障碍,尽量少用制动,避免紧急制动。

(4)只有当车速降到10km/h以下时,才能踩下离合器踏板,防止发动机熄火。

(5)前方情况解除后,要及时根据车辆的速度和动力情况减挡,然后继续行驶。

(四)操作提示

(1)汽车在行驶中,应保持足够的车距,以防追尾事故。

(2)在预见性制动减速中,可用"早踩长磨"的方法控制制动踏板,使汽车平稳减速。

(3)养成右脚离开加速踏板就放到制动踏板上的习惯。

(4)汽车在雨、雪、冰冻和泥泞等滑路上行驶时,禁止使用紧急制动,以防发生侧滑。

任务实施

1. 平顺性制动

练习时,先将车速提高到40km/h,然后先抬起加速踏板,利用发动机怠速牵阻作用,降低车速,视情况的需要持续或间歇地轻踩制动踏板,使车速进一步降低。采用上述要领将车速降低到20km/h接着继续加速,重复练习。

2. 紧急制动

选择宽阔地段,在确保安全的情况下,教练员发出"紧急制动"口令后,学员首先握紧转向盘,右脚迅速踩下制动踏板,必要时同时拉紧驻车制动器操纵杆,使车尽快停住。

3. 定点停车

在教练过程中,教练员提前选择某一目标并告之学员,发出"定点停车"的口令,学员采用预见性停车方法靠边停车,要求目标处在车门位置。

四、转向技能训练

汽车在行驶中,经常会因为地形、道路情况的变化而改变行驶方向。转向盘操作的熟练和准确与否直接关系到汽车行驶的安全性和舒适性。因此,掌握转向盘的正确操作是十分重要的。

1. 操作方法

1)缓弯的操作

在弯较直缓的道路转弯时,双手可不改变位置,两手同时转动转向盘;若弯度稍急,可用转动一把半转向盘的方法。比如右转弯,在转弯时,可先用右手轻轻往下拉转向盘,在右手往下拉的同时,松开左手沿转向盘外缘下移时钟指针位置7时至8时之间握住,待汽车行驶到弯道时,逐步将转向盘往右转动,实现随弯转向。

2)急弯的操作

在这种弯道上转向时可采用大角度转动、双手交替操纵转向盘的方法。

3)通过有岔路的弯道的操作

(1)汽车转弯时应根据道路和交通情况,在弯道前50~10m处发出转弯信号,并鸣喇叭警告周围车辆和行人。

(2)降低车速,将变速杆挂入适合的挡位。

(3)根据道路的弯曲度,靠路右侧平稳转动转向盘。

(4)转弯后,转动转向盘将车回正,关闭转向灯。

2. 操作要求

转弯时,要注意观察道路情况,合理选择路线,控制行驶速度,正确掌握转向时机。通过弯道时,操作转向盘要做到灵活、及时、正确。

3. 操作要领

车辆在转弯时,要做到"减速、鸣号、靠右行"。

(1)减速:转弯路段视线不良特别在窄路和傍崖险路时速度一定放慢。

(2)鸣号:有些弯道由于看不见前面情况,鸣号后可通知对面行车、行人走好自己的路线,注意避让以保证转弯路段尽量不会车;对方鸣号转弯使自己也知有车辆要过来,走好自己的路线,降低车速,必要时停车让路,避免事故发生。

(3)靠右行:要求驾驶人无论转大弯转小弯都不占线、越线。

4. 操作提示

(1)汽车转弯时车速要慢,转动转向盘不能过急,以免离心力过大造成汽车侧滑。汽车发生侧滑时,应立即放松加速踏板,将转向盘转向后轮侧滑的一侧,待车辆恢复正直行驶方向后,再回正转向盘继续行驶。

(2)汽车转弯时应尽量避免使用制动器,尤其紧急制动,以防侧滑或意外事故的发生。

(3)汽车转弯时,操纵转向盘要与道路弯度相适应,并与行车速度相配合,做到转向角度适当、转向时机恰当、回转方向及时。严禁双手脱离转向盘,以防方向跑偏而发生危险。

(4)汽车转弯时,驾驶人应对车轮的行驶轨迹有一个正确估计。一般限制转弯角度的因素有以下两种:

①最小转弯半径:在汽车转弯,转向盘转到极限位置时,其前外轮所滚轨迹图的半径。它表示汽车在最小面积内回转的能力,以及通过狭窄弯曲地带或绕过障碍物的能力。

②内轮差:在汽车转弯时,内侧前轮与内侧后轮所行驶的圆弧半径之差。

在汽车转弯时,要根据地形,充分估计本车的最小转弯半径和内轮差,特别在转急弯或驾驶拖带挂车、半挂车时,更应注意不使外前轮越出路外或碰撞其他障碍,同时还要避免后内轮掉沟或碰及障碍物。

任务实施

一、训练内容

(1)实际道路转向训练。

(2)"8"字形行进训练。

二、训练场地选择及要求

刚开始选择交通流量小的道路,再根据学员掌握情况调整教练线路。

安排部分车辆在教练实训场地内进行"8"字形行进训练。

三、训练实施

在实际道路驾驶训练过程中,当遇有弯道时,教练员提前提醒学员,并告之使用的方法。通过"8"字形行进训练加强对方向的控制,先由右侧进入,每组5圈,不少于5组;再由左侧进入,训练量同上。

五、倒车技能训练

倒车是驾驶的基础技能之一。在汽车行驶中,倒车是经常会用到的一项操作。

(一)操作方法

1. 安全确认

由于受到视线的限制,倒车时不易看清车后的道路与障碍物。因此,倒车前一定要进行安全确认。如在车上通过全方位多角度进行安全确认,或通过同伴、引导员等观察后提供安全信息等,必要时应下车进行观察。

2. 挂入倒挡,选择正确的倒车姿势和目标

采用发动机前置布置形式且设有驾驶室门和后风窗玻璃的客车,倒车的姿势主要有以下三种。

1)注视后窗倒车

注视后窗倒车时,左手握转向盘上端,身体向右斜坐,右臂依托在靠背上端,头向后,两眼注视后风窗玻璃的两角和选择的目标,然后根据场地、车库(位)或停靠目标进行后倒。

2)注视侧方倒车

右手握在转向盘上端,上身转向左侧,头伸出左门窗框外,向后注视。或左手扶在半打开的车门窗框上,上身斜出驾驶室,两眼注视后方,以左后角或左后轮为目标,进行后倒。

3)注视后视镜倒车

通过左、右侧后视镜间接观察,以推断车辆与道路的相对位置,以确定转动转向盘的多少。其姿势与前进姿势相同。

现代客车大部分采用发动机后置的布置形式。所以在倒车时根本无法通过注视后窗进行倒车。在驾驶室仪表板上,设有显示屏。汽车挂入倒挡后,显示屏上即会出现车后情况。因此可通过倒车影像和注视后视镜相结合的方法进行倒车,如图1-49所示。

看倒车影像

看后视镜

图1-49 倒车视频和后视镜相结合的方法倒车

3.起步

倒车的起步方法和动作顺序与前进的起步相同。

(二)操作要求

(1)必须进行安全确认后方可倒车。
(2)在汽车完全停止后才可挂倒挡。
(3)倒车时必须控制速度,一般不超过5km/h。同时速度要均匀,不要忽快忽慢。
(4)倒车时要辨清倒车的方向,防止出现反向转动转向盘的误操作。

(三)操作要领

(1)后倒时,要使车尾向左,转向盘向左转;要使车尾往右,转向盘应向右转。
(2)直线倒车时,运用转向盘的方法与直线前进是一样的。当车尾向一侧偏离时,要向相反方向少量回转,及时修正,切不可猛打猛回。
(3)转弯倒车时,要兼顾前后,谨防外侧前轮、保险杠等碰擦路旁的物体。弯度较大时,要注意转向时机。当参照物到达后轮位置时,即可转动转向盘,转向量要大;弯缓,则转向时机可提早,但转向量要小。

(四)操作提示

(1)选择正确的目标作为参照物。
(2)倒车时,如有人指挥,必须明白指挥人的意图后再倒车;如无人指挥,必要时可下车环视地形后再倒车。

知识链接

《中华人民共和国道路交通安全法实施条例》第五十条

机动车倒车时,应当察明车后情况,确认安全后倒车。不得在铁路道口、交叉路口、单行路、桥梁、急弯、陡坡或者隧道中倒车。

任务实施

一、训练内容
(1)场地直线穿桩训练。
(2)场地倒车入库训练。
二、训练场地选择及要求
驾驶教练实训场地。
三、训练实施
(1)直线穿桩训练:每前进、后退一次为一套动作,每组动作为3次,不少于10组。
(2)场地倒车入库训练:每位学生不少于20次。

六、汽车掉头

汽车在行驶中进行180°的转向称为掉头。它是汽车驾驶中常用的操作方法之一。正确的方法可以缩短掉头时间,减少对其他行驶车辆的影响。

(一)地点的选择

汽车掉头必须在遵守交通规则,确保安全的前提下进行。一般是选择宽阔、平坦、僻静的广场、路口及设有准许掉头标志的地点进行掉头,如图1-50所示。尽量避免在交通情况复杂,如两侧有水塘、深沟,路基松软及有建筑物的地方掉头。

图1-50 准许掉头标志、标线

知识链接

《中华人民共和国道路交通安全法实施条例》第四十九条

机动车在有禁止掉头或者禁止左转弯标志、标线的地点(图1-51)以及在铁路道口、人行横道、桥梁、急弯、陡坡、隧道或者容易发生危险的路段,不得掉头。

图1-51 禁止掉头或者禁止左转弯标志、标线

机动车在没有禁止掉头或者没有禁止左转弯标志、标线的地点可以掉头,但不得妨碍正常行驶的其他车辆和行人的通行。

(二)操作方法

汽车掉头的形式一般有一次性顺车掉头和顺车与倒车相结合掉头两种。采用何种形式,应该由驾驶人在方便、安全的前提下根据当时的交通情况和路面条件做出选择。

1. 一次性顺车掉头的操作方法(图1-52)

(1)打开左转向灯,向前后车辆发出掉头信号;同时观察道路及来车情况。

(2)降低车速,挂入低挡,逐渐靠右行驶。

（3）确认安全后，向左转动转向盘，一次顺车完成掉头。

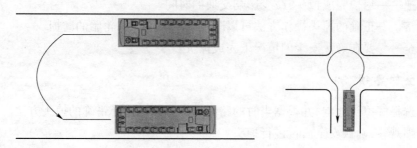

图1-52　一次性顺车掉头

2. 顺车与倒车相结合掉头的操作方法

1）利用岔路口掉头

当岔路在左侧时[图1-53a)]，应使车辆先在干路左转弯驶入左侧的支路，过支路路口后停车，倒往干路的另一方(图中虚线表示倒车)，即可实现掉头。

当支路在右侧时[图1-53b)]，应使车辆先在干路右侧行驶，通过支路路口后即停车，倒入右侧支路，然后左转前进行驶实现掉头。

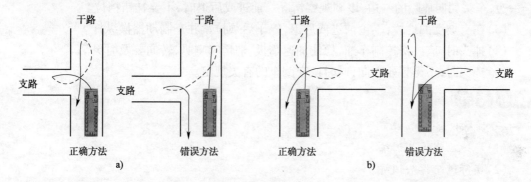

图1-53　利用岔路口掉头

2）较窄路面掉头操作

如道路狭窄不能一次顺车掉头，可运用前进或后退相结合的掉头方法进行。

掉头时，首先要选择合适的地段，发出向左转弯的信号，将车缓慢地驶向道路的一侧，转向盘向左转足，当前轮快要接近路边或车辆前沿接近障碍物时踏下离合器踏板，轻踏制动踏板，在车辆还未完全停止时并将转向盘迅速向右转足，将前轮转至后退所需的新方向，立即将车停稳。

后退时，应首先观察清楚车后情况，然后慢慢起步，并向右转足转向盘，待车倒退至后轮将接近路边或汽车后沿接近障碍物时，立即踏下离合器踏板，轻踏制动踏板停车，并利用停车前这一时机，迅速向左回转转向盘，使前轮转至前进所需的新方向。此时如仍未能实现掉头，可再次后退或前进，反复几次至掉头完成即可。

（三）操作要求

掉头操作要做到正确、迅速、经济、安全八个字。

(1)正确——选择地点和掉头方法要正确。
(2)迅速——尽快完成掉头,减少影响交通的时间。
(3)经济——正确的掉头操作方法可以减少油料的消耗和轮胎的磨损。
(4)安全——要在确保安全的情况下完成掉头。

(四)操作要领

(1)要选择好掉头地点,并根据当时的路面和交通情况选择正确的掉头方法。
(2)加强观察,确认安全后再进行掉头。
(3)掉头时,要控制好速度,一般速度降至在10km/h以下;遇到情况时,可先停车,等条件允许后再起步继续掉头。

(五)操作提示

(1)汽车掉头时,应严格遵守交通规则,不宜在狭窄、交通繁忙和复杂的地段以及坡道上掉头,以防道路堵塞,影响交通。
(2)公路上掉头时,应认真选择安全地段(尽量避开易滑路段)进行,尽量使车辆朝向安全一边,车头朝向危险的一边,以利观察情况。前进或后退时,不要挂错挡位。
(3)在有坡度的地段,不论前进或后退,停车后须拉紧驻车制动器操纵杆。
(4)掉头时,应严格控制车速,稳住加速踏板,酌情鸣喇叭,转向要及时灵活。
(5)掉头时,不得打死方向,同时遵守倒车的有关规定。

任务实施

一、训练内容
(1)场地画线掉头训练。
(2)实际道路掉头训练。

二、训练场地选择及要求
教练实训场地;一般道路、城市道路。

三、训练实施
(1)场地画线掉头训练:每组动作为2次,不少于10组。
(2)利用道路上的岔道、交叉路口等条件,由教练员指挥,适时完成车辆的掉头操作。

七、车辆停放

车辆停放是指汽车在行车途中因需要临时在路边停车或运行完毕在停车场停放。

1. 停放方式

车辆停放包括临时路边停车和进入停车场的车辆停放。

1)临时路边停放

应该顺着行驶方向,靠道路右侧停放,两车间要留有足够的距离确保顺利驶出,如图1-54所示。坡道停车时,上坡挂一挡,下坡挂倒挡。在拉紧驻车制动器操纵杆的同时,在其后轮胎下塞入砖块等,防止溜滑。

项目一 大客车基础驾驶训练

图 1-54 临时路边停放

2）停车场的停放

可以一线排开，横向停放，也可以成 45°角停放。停车时要相互参照，停放整齐，车头朝外，如图 1-55 所示。

图 1-55 停车场的停放

2. 停车注意事项

（1）在设有禁停标志、标线的路段（图 1-56），在机动车道与非机动车道、人行道之间设有隔离设施的路段以及人行横道、施工地段，不得停车。

（2）交叉路口、铁路道口、急弯路、宽度不足 4m 的窄路、桥梁、陡坡、隧道以及距离上述地点 50m 以内的路段，不得停车。

（3）公共汽车站、急救站、加油站、消防栓或者消防队（站）门前以及距离上述地点 30m 以内的路段，除使用上述设施的车辆以外，不得停车。

a)禁止车辆临时或长时停放　　b)禁止车辆长时停放

图 1-56 设有禁停标志

（4）车辆停稳前不得开车门和上下人员，开关车门不得妨碍其他车辆和行人通行。

（5）路边停车应当紧靠道路右侧，机动车驾驶人不得离车，上下人员或者装卸物品后，立即驶离。

（6）城市公共汽车不得在站点以外的路段停车上下乘客。

（1）简述车辆起步的操作步骤。

· 43 ·

(2)简述熄火停车的操作步骤。
(3)简述汽车挡位的分类和使用。
(4)简述预见性制动的操作。
(5)简述紧急制动的操作方法。
(6)简述汽车转弯的操作要领。
(7)简述汽车倒车的姿势。
(8)简述汽车掉头的方法。
(9)简述车辆停放的注意事项。

任务四　基础式样驾驶训练

基础式样驾驶训练是把前阶段所学过的起步、转向、制动、停车、倒车等各单项操作,在规定的式样场内,按规定的标准和要求进行综合练习。通过练习,可以全面提高操作技术水平。尤其对锻炼目测能力、驾驶技巧和熟悉汽车的外廓运动更有效果。

一、直线穿桩

直线穿桩包括直线前进与后倒两方面内容。是汽车式样驾驶中最简单、最基本的一种形式,是一项基础训练科目。训练目的在于体会并培养判断车辆(车轮)所处位置的正确方法。

1. 场地设置及尺寸(图1-57)

1~6桩杆在同一直线上,每个桩杆相距为2车长。7~12桩杆在同一直线上,设置与1~6桩杆的尺寸相同。1~6桩杆与7~12桩杆的横向间距为:车宽+(0.6~0.8m)。

直线穿桩练习时,场地宽度开始时可以宽些(车宽+0.8m)以后可逐步缩小至车宽+0.6m。

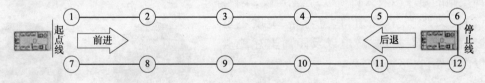

图1-57　直线穿桩场地设置

2. 操作要求

汽车在行驶过程中,不得使用离合器半联动,不得中途任意停车,不得熄火,不得碰、擦桩杆,不压线,行驶平稳不闯动。

3. 操作方法

1)直线前进穿桩的操作(图1-58)

先将汽车停于1、7两桩杆之中,停放在起步线上。

操作时,握稳转向盘,目视3、9桩杆或6、12桩杆,挂入前进低速挡起步,同时目测转向盘中间喇叭按钮与3、9桩杆或6、12桩杆之间的1/3处(偏向汽车左侧为1/3,右侧为2/3)在同一视线上,保持汽车在桩杆之中顺利穿过。

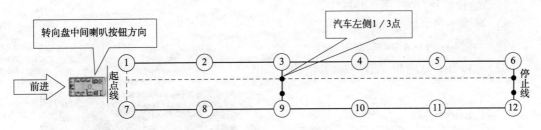

图 1-58　直线前进穿桩操作

2）直线后倒穿桩的操作（图 1-59）

先将汽车正直居中停放在后倒起点线上，做好准备。

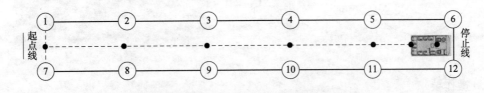

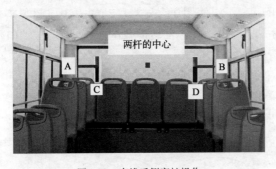

图 1-59　直线后倒穿桩操作

驾驶人头部移至后风窗玻璃中心点，选择左右两侧桩杆之间的目测中心点为目标。后倒过程中保持上述三个中心点在一直线上，即可顺利倒出（中心点一线法）。

直线后倒穿桩也可选择距车厢后风窗较近的左右两根桩杆为目标，以车厢左右两后角 A、B 为参考点。驾驶人头移至后视窗中心点观察目标，视线与后风窗相交于已 C、D 两点（俗称视交点）。后倒过程中保持 AC 之间距离与 DB 之间距离相等，则汽车会居中直线倒出。

4. 操作提示

保持头脑清醒，转动转向盘的方向（向左还是向右）不能打错，修正和转动转向盘要及时柔和、幅度适当。

二、"8"字形行进

"8"字形场地练习，是为了适应实际道路线型曲直变化，使之能熟练地运用转向盘而设计的一种训练科目。其目的是为了熟练地掌握汽车在连续转弯时运用转向盘的方法，以及控制车速的能力，并体会汽车在转弯时所产生的内轮差的影响及外前轮、后内轮的行驶位置。

1. 场地设置及尺寸(图 1-60)

(1)外圆半径 R：2 倍车长。

(2)内圆半径 $r = R -$ (车宽 $+ 1m$)。

(3)入口处的宽度为 4 倍车宽,长度为 1 车长。

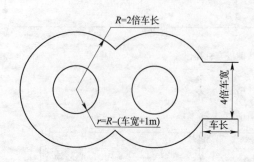

图 1-60 "8"字形场地设置

2. 操作要求

(1)行驶速度均匀平稳,不得使用离合器半联动的方法控制车速。

(2)转动转向盘的方法要正确,转、回转向盘的时机准确,转转向盘速度与行驶速度配合适当,保持弧线前进,行驶路线轨迹圆滑。

(3)前后轮胎均不得压线或越出界线。

3. 操作方法(图 1-61)

(1)调正车身,对准"8"字形圈入口处,用低速挡居中慢速驶入。

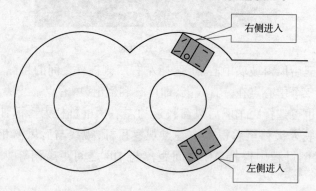

图 1-61 "8"字形场地操作方法

(2)驶入后向右(左)转弯行驶时,使左(右)前轮靠近内圆,以防右(左)后轮压上入口处的外圆弧线。待驶进圆弧后,及时向左(右)转动转向盘,使右(左)前轮靠外圆行驶,随外圆弧线转动转向盘,以防止弧形前进中由于内轮差造成内侧后轮压线或越出圆弧外。

(3)当驶至两外圆交接处时,应运用拉、回、打三把转向盘,即：

①第一把在刚进入两外圆交接处时(两外圆弧线交接点,根据教学需要,可以设立桩杆),右转弯进入"8"字形圈的,向右拉一把转向盘(左转弯进入"8"字形圈的向左拉一把转向盘)。

②第二把是当第一把方向向右(左)拉过去以后马上向左(右)回转一把。

③第三把是在车头将要驶向下一个圆弧圈时,再往右(左)打一把方向。

4. 操作提示

(1)初练时,车速要慢,先低速挡,后中速挡。运用加速踏板要稳妥,因这时前轮阻力较大,若加速踏板跟进不足,会使发动机乏力而汽车不能正常行驶,甚至熄火。若踩加速踏板用力太大,会使车速过快,不易纠正方向,造成压线或越线。

(2)转向要柔和适当,修正要及时、小量。要保持弧形前进,前进时要外轮靠外圈,随外圈变换方向。驶至交叉点时,迅速向相反的方向转动转向盘。

(1)简述直线穿桩的操作要求和操作方法。
(2)简述"8"字形行进的操作要求和操作方法。

项目二　大客车一般道路驾驶训练

项目描述

一般道路驾驶训练主要是在路面平坦、开阔且交通流量较小的道路上进行的。通过实际道路的行车实践,提高学员基本驾驶技能的熟练程度,加深对交通法规的理解和执行的自觉性,学会观察、分析和处理道路上的各种动态的能力,为在复杂条件下的驾驶打下良好的基础。

项目任务

任务一　道路交通动态的分析与行车安全
任务二　一般道路驾驶方法
任务三　会车、跟车、超车与让超车技能
任务四　坡路驾驶技能

项目目标

1. 学会观察、分析道路状况和交通动态情况;
2. 巩固原有操作技术,提高操纵机构的综合协调、运用能力;
3. 掌握一般道路的驾驶方法,学会超、会、让、跟进等驾驶技术;
4. 掌握坡道驾驶技术。

任务一　道路交通动态的分析与行车安全

道路交通的动态,是指道路上的交通参与者(机动车、非机动车、行人、牲畜等)的行为及其趋向。汽车驾驶人能否迅速、准确地分析、判断和处理这些动态,掌握各种路况的特点,对行车安全起着至关重要的作用,成为衡量驾驶人技术水平的一个重要标准。

一、道路交通动态的判断与处理

(一)对行人动态的分析与处理

1. 正常的行人

分析:在道路上正常行走的人,看到汽车驶来或听到行驶声、喇叭声,能做到不慌不忙及时避让,靠路边行走。
处理:正常行驶速度通过。

2. 缺乏道路交通经验的行人

分析:有些人,很远看见汽车驶来或听到汽车行驶声,就急忙闪避,但到汽车越来越近时,则惊慌失措,左右徘徊,犹豫不决,甚至会突然向道路的另一边跑去。

处理:遇此情况,应提高警惕,预计可能发生的动向而降低车速,缓慢通过。切不可临近鸣号,这会使行人更为紧张。更不能冒险高速穿过。

3. 麻痹大意的行人

分析:有些人认为汽车有人操纵,不会撞到自己,往往看到汽车或听到喇叭声,甚至汽车已尾随鸣号,也不迅速避让,不予理会,或虽有避让,却根本不考虑效果。

处理:遇到这种行人,应降低车速,鸣号耐心通过。切不可急躁,贸然强行加速通过,以防恶性交通事故发生。

4. 顾此失彼的行人

分析:有一种行人,当他发现汽车驶来时,就向路边避让,待汽车驶过后,又立即回到路中间来,不注意是否拖带有挂车或有第二辆汽车接着驶来,此时,往往容易发生事故。

处理:在跟随别的汽车行驶时,要提防这种人,特别在闹市区行驶时更应注意。

5. 为躲避灰尘和泥水溅身的行人

分析:有些行人为了躲避汽车行驶扬起的灰尘或溅起的泥水,在汽车驶近时突然跑向道路的另一边。这种情况的发生多是行人预先没有注意风向和水洼,一经发现自己在下风或水洼旁才想起需要躲避。

处理:在行驶中要注意对下风处行人动态的观察和处理。车辆驶近水洼时,应减速行驶,并尽可能不使车轮压到水洼,使行人免受泥浆水的溅污。

6. 沉思中的行人

分析:有些行人因对某事的深思,注意力往往高度集中在所思考的问题上。除了两条腿本能地移动外,对外界的一切都置若罔闻。汽车的行驶声、喇叭声都不能引起他的注意,这种人往往是垂头或头侧向某一方向而少转动,单独走着。

处理:发现此种人后要减速、鸣号,缓行绕过,并尽可能保持较大的安全距离,要谨防其突然横穿公路,做好停车准备。

7. 儿童

分析:儿童的特点是活泼好动,思想简单,不知道汽车的危险性,对交通法规知识了解甚少。因此,常在道路上追逐玩耍,遇到汽车驶近,有的到处乱跑,有的故意不让。

处理:遇到这种情况,应降低车速,做好随时停车的准备。

8. 老年人

分析:老年人反应不灵敏,动作迟钝,往往看到汽车驶来时,一时不能肯定避让的方向,躲躲闪闪,犹豫不决;对车、路、人之间的距离估计不足,或者准备避让时却心有余而力不足。

处理:遇到这种情况时,应降低车速、鸣号,等待老人避让后,再缓行通过。

9. 孕妇、携幼的人

分析:孕妇或携带小孩的行人行走不便,在横过公路及躲避车辆时不像其他人那么灵便,也不可能快速奔跑。

处理:驾驶人开车与之相遇时,一定不要鸣笛或抢道,待这些人安定下来或已经走过时再继续行驶。

10. 失常、醉酒的人

分析：有时驾驶人在行车中会遇到精神失常、呆傻或醉酒的行人。

处理：要使汽车与其保持一定的距离减速绕行。不能用眼睛与其对视，要用余光监视，更不要与其对话。在其与汽车驾驶人纠缠时，应关好门窗，一旦时机成熟快速起步，迅速离开。

11. 聋哑、盲人

分析：聋哑人听觉失灵，当遇到鸣号后行人毫无反应时，应意识到是听觉失灵者；盲人失去视觉，听觉一般都灵敏，听到喇叭声或汽车行驶声就急忙避让，但不了解自己避让的程度，往往欲避又不敢迈步，凭一根棍棒探路移动。

处理：遇到聋哑人时，要尽快减速，从其身旁较宽的一侧缓行避让通过。遇到盲人时，应减速绕过，不可鸣号不止地催促。必要时停车，待盲人安全避让后再行驶通过。

12. 天气、季节对行人的影响

分析：行人突然遇到暴风、雨、雪时，交通秩序容易混乱，汽车在行驶中应减速鸣号，随时注意和掌握行人为避风雨奔跑的动态。尤其是对撑雨伞和穿雨衣的人更要注意，因为他们的视线和听觉均受到影响，不能及时发现汽车。冬季因寒冷，尤其是风雪天，行人戴棉（皮）帽，因而视线、听觉均受到影响。

处理：遇到以上情况，要鸣号，减速，做好随时停车的准备，谨慎通过。

以上列举的仅是较常见的行人动态，而在道路驾驶中，行人的动态是千变万化的，这就需要机动车驾驶人在驾驶过程中留心观察，不断总结，具体情况具体分析，进一步积累对行人动态处理的经验，及时果断地作出相应的措施，以确保行车安全。

（二）对非机动车、牲畜动态的分析与处理

1. 自行车和电动自行车

自行车和电动自行车是人们经常使用的一种代步工具，其中电动自行车由于速度快、灵活、省力而大量走进平常百姓的家庭。但不容忽视的是与之有关的交通事故的比例也非常高。因此，了解和掌握一些有关自行车和电动自行车的特点及规律，对于驾驶人正确地判断和处理情况，避免交通事故是非常必要的。其典型特征和动态规律主要有以下几种。

1）正常骑车者

分析：正常的骑自行车者，听到汽车声就有明显的避让表示。

处理：对于已经让路的自行车不要鸣号不止，通过时尽可能保持较大的横向距离。

2）骑车技术不熟练者

分析：骑车技术不熟练者，本来就容易跌倒，听到喇叭声或看到汽车临近更是惊慌失措，欲下不能，左右摇晃。

处理：遇此情况，应减速行驶，不可靠近，并随时做好停车准备。

3）负重骑行者

分析：骑车者载重带人，遇到道路高低不平或乘坐者突然跳车而发生意外失稳跌倒。

处理：行车中要注意此种情况的突然出现。

4）老年人和妇女骑行

分析：老年人和妇女骑自行车和电动自行车时，相对比较谨慎、胆小，害怕出事，灵活性较差。当汽车临近时容易慌张，在车上会左右摇晃而跌倒。

处理：驾驶人发现这些骑车者，要及早减速，不可靠近并随时准备停车。

5）少年骑行

分析：少年骑车，由于缺乏交通安全常识，骑车过程中常常不遵守交通规则；其生性好动，经常在道路上盲目骑快车，有时还与汽车比赛；遇到转弯时，也不加强观察车后情况而急转；好凑热闹，注意力往往也太不集中。这些特点很容易导致交通事故的发生，如图2-1所示。

图2-1　少年骑行

处理：驾驶人在遇有小孩骑车时要根据其特点加以防范。

2. 人力车

人力车行进比较缓慢，避让也不灵活、及时，特别是重车上坡或通过坑洼路段时更是费力缓慢，如图2-2所示。因此遇到人力车要提前鸣号警告，要是遇到装载长料物资的人力车时，要估计到车头拉向路边的同时，车尾部反而会扫向路中，而造成碰撞的危险。在人力车下陡坡和窄路地段，应提前减速避让，待人力车过去后再通过。

图2-2　人力车

处理：人力车的机动性差，汽车驾驶人应予以体谅，尽可能为拉人力车者着想，使其少耗不必要的体力，必要时应停车，下车帮助推拉，以便迅速安全通过。

3. 畜力车和牲畜

在农村、乡间道路上，经常会遇到畜力车和牲畜。畜力车速度慢，牲畜听到异响容易惊车，难以控制，如图2-3所示。特别在山区、乡村的牲畜往往更害怕汽车。

图2-3 畜力车

处理：遇到畜力车时，应在较远处鸣号，以便让赶、骑牲畜的人及早的稳住牲畜，做好必要的准备，避免汽车临近时牲畜乱跑。若发现牲畜两耳直立，行走犹豫，则应降低速度，做停车准备。在转弯或超越畜力车时，应给畜力车留有足够的路面，防止畜力车摆动或停不住而发生剐碰。

4. 残疾人专用车

近年来，道路上出现了不少的电动小三轮车，又称残疾人专用车，如图2-4所示。这种车辆行驶最高车速可达30～40km/h，而驾驶它的却是身体有缺陷的人。由于残疾人操作不便，再加上由于生理和心理因素的影响，反应时间比正常人长，很容易发生事故。

处理：驾驶人行车，一定要密切注意残疾人专用车的动态。如在车前，应与它保持一定的距离，以防突然急制动；如在车后，要防它追尾；如发现它在车道上拐来拐去，不可挨近；如与它并行，千万不可急躁，不要和它争道抢行，以防它撞上你的车。

图2-4 残疾人专用车

（三）对机动车动态的分析与处理

机动车行驶速度快，突发性的"先兆"预示时间短，其动态驾驶中较难观察清楚，必须经过专门训练才能掌握其观察方法和动态特点。因此，分析处理各种机动车辆动态是安全行车的一项重要内容。

1. 汽车

汽车品种和车型很繁杂，在性能和行驶特点上差别也很大。大型汽车自恃车高体大，让车一般不主动；小汽车自恃提速快、制动灵、体位小、行动方便，往往见缝就钻，见车就超，高速行驶，一遇突然情况就来不及应付；重载或装高抛货物的车辆，交会时不肯太靠边；开凸头车的驾驶人往往比开平头车的胆子要大，让车欠主动；还有的驾驶人为省油，尽量少踩制动踏板,导致情况处理得过分紧凑,使安全系数变低。

2. 摩托车

摩托车机动性好,速度快,如图 2-5 所示。有些汽车驾驶人往往把它当作自行车来对待,再加上摩托车驾驶人中无证驾驶和技术不良者较多,因而事故率极高。

由于摩托车制动距离较汽车短,但稳定性差,易摔倒,因此车辆尾随其后时要拉长纵向间距,需要制动时切勿迟疑不决,更不能惊慌失措。尤其是看见摩托车突然摔倒时,一定要迅速地作出正确判断,采取果断措施。

图 2-5 摩托车

3. 手扶拖拉机和后三轮

手扶拖拉机和后三轮是农村、集镇常见的运输工具,如图 2-6 所示,它们具有以下特点:

(1)手扶拖拉机和后三轮都属简易机动车,制作简陋、操纵不便。有的没有转向灯、制动灯、反光镜等安全设备,当其突然转弯、制动时,不易被其他车辆发现,造成事故。因此,在岔路口遇有手扶拖拉机和后三轮,一定要辨清其行驶方向,稳妥通过。

(2)有的手扶拖拉机和后三轮还私自加大速比,超速行驶;有的违章装载:超长、超重、超高、超宽;有的违章操作,酒后驾车或故意不让。汽车在泥沙路上超越手扶拖拉机时,要特别防止其驾驶人为免受灰尘或泥水而故意驶向道路中间以压低后车车速的行为。

(3)由于道路拱形、操作不便等原因,手扶拖拉机和后三轮停车不肯靠边。特别是见熟人或乘客招呼拦车时,往往突然停下来,使后车猝不及防,发生追尾事故。因此,汽车跟随其后须留有足够的安全距离,并密切注意路侧行人的动态,防止连锁反应。

图 2-6 手扶拖拉机和后三轮

二、道路的分析与处理

1. 直路和弯路的状况分析与处理

直路和弯路是最常见的道路状况:

直路特别是机动车专用道路,有双向四车道、六车道和八车道,绿化带较宽,道路宽广,视线良好,能见度高,观察距离较远,车辆行驶速度较快。混合道路直路状况较为复杂,由于

机动车、非机动车、行人混合使用道路,使有效路面变窄,安全距离变小。

弯路,按其道路情况可分为平路转弯和上下坡转弯。在弯路行驶时,由于视线较差,对面来车的情况不明,汽车要安全平稳地通过弯路,就必须处理好两个问题:一是合理地选择车辆行驶路线,以保证行驶的平稳;二是尽量选择较大的转弯半径,合理地控制好行车速度,使离心力降到最小。

2. 平路的状况分析与处理

平直的道路,路面平整,路基坚实,车辆行驶稳而阻力小,但平路也有弯路和意想不到的坑塘和障碍,使车辆失去稳定性和平顺性,影响轮胎等和其他机件的使用寿命,加大驾驶人的疲劳程度。因此平路驾驶时要选择好的路线行驶,尽量避免颠簸与偏重,并尽可能保持直线匀速行驶。

1)在没有中间实线的道路上车辆可在道路中间行驶

因为这样的路面不是很宽,且中间拱形较大,中间行驶才能给车辆以对称的作用力,加上中间有多次行车的轨迹,路基坚实,路面平整,行驶稳而阻力小,适宜长时间高速行驶。

2)在划有中间实线的道路上应在右则靠中间行驶

这样既能避让对面来车,又能防止长期偏向一侧加重一边轮胎、钢板弹簧、车架等机件的负荷而造成不均衡的磨损或损伤。

3. 坡路的状况分析与处理

坡路驾驶时有一定的行驶阻力,因此汽车上坡应根据坡度距离、路况,在上坡前适当距离提高车速或提前减一挡加速冲坡,但在冲坡前还须确认坡道有无急弯、坑陷和其他障碍物,且无下坡车辆,方能冲坡。下坡时使用与上坡相同的挡位或低一级挡位,充分发挥发动机制动的功能,并间歇踏放制动器,控制车速,严禁踏下离合器滑行或脱挡滑行。

4. 特殊路况的分析与处理

1)特殊路况的分析

雾、雨、雪路是一般道路常见的道路状况。

(1)雨天道路,路面能见度较差,雨水洒落使风窗玻璃和后视镜模糊不清,加上潮湿路面的光线反射使得能见度大大降低。同时由于路面潮湿,直接影响着车轮的摩擦系数,车轮的抓地力则随车速的增加急剧变小,很容易发生"水滑",从而影响汽车的制动性能。

(2)雪天道路,由于积雪使路面反光,眼睛睁不开,同时冬季寒冷风窗玻璃积霜、积雪都会影响视线,积雪也使车轮摩擦系数下降,易造成车轮打滑和侧滑,使制动距离大大延长。

(3)雾天行车能见度低,视线不清,驾驶人容易产生错觉;同时由于路面湿滑,车辆制动性能变差,容易发生侧滑或造成车辆倾翻,因此雾天行车需要掌握一些驾驶技巧。

2)特殊路况的处理

遇有雾、雨、雪路驾驶时,由于路面较滑,能见度较差,在驾驶车辆时应与前车适当加大安全距离,会车时应主动选择安全地段减速或停车与来车会车。驾驶不带 ABS 的车辆时,在踩制动踏板时要"一松、一踩"地进行连续式点制动。驾驶带有 ABS 的车辆时,在踩制动踏板时必须一次踩到底,同时控制好转向盘。在积雪路上若已有车辙,应循车辙行驶,转向盘不得猛转猛回,以防偏出车辙打滑下陷。

(1) 简述对老人、少儿动态的分析与处理。
(2) 简述对电动自行车动态的分析与处理。
(3) 简述对道路上行驶的汽车的动态分析。
(4) 简述特殊路况的处理。

任务二　一般道路驾驶方法

一、一般道路情况处理的要求和方法

1. 一般道路情况处理的要求

1) 驾驶人要有预见性

行车中遇到的交通情况错综复杂、瞬息万变。驾驶人必须透过现象,抓住本质,预测情况的变化和发展,及时采取预见性的措施,掌握安全行车的主动权。事实证明,处理情况有了预见性,就能见微知著,防患于未然。

2) 驾驶人要有针对性

处理情况切忌一个模式,必须根据轻重缓急,针对不同的对象和不同的情况,采取不同的措施。

3) 驾驶人要注意连续性

行车中交通情况往往是连续不断的,前一情况处理了,后一种情况又会出现,驾驶人切不可因已避开险情而松懈。要不断地发现、判断新情况,及时采取相应的措施,以确保行车安全。

4) 驾驶人要注意灵活性

处理情况切忌呆板,观察情况要通观全局,有一定的深度和广度,既要注意重点目标,又要兼顾一般情况,不要死盯住一点。行驶速度要根据当时交通、道路的具体情况来定,该快则快,该慢则慢,快要快得合理,慢要慢得适当。要把视觉、听觉和四肢的机能作用充分调动起来,做到机动灵活地处理各种情况。

2. 一般道路情况处理的方法

1) 运用机件要灵活

处理情况时,应根据当时的距离、车速、环境等,运用方向、制动、加速踏板、喇叭灵活加以处理。有的情况只需要按鸣喇叭即可;有的只需使用方向或制动即可避开;还有的情况只要松开加速踏板,利用发动机制动减速即可处理;有时也要综合运用各个机件,做到随机应变。

2) 先近后远

交通情况的出现虽然具有连续性,但出现时一般是有先后的,要首先处理近处的情况,防止出现顾远不顾近的现象。

3) 先制动、方向后挡位

车速越快,危险性越大,处理情况的难度也越大。因此,一旦发现对行车安全有影响的情况时,首先要放松加速踏板,适当运用制动减慢车速,同时掌握好方向,需要绕行时,应提前转动转向盘。当情况允许继续行驶时再变换合适的挡位,避免只顾换挡不顾制动、方向。

4) 先动态后静态

动态情况的速度、位置是在不断改变的,有时甚至难以预料其改变的趋势;而静态情况是固定不动的,容易作出正确的判断。因此要集中精力,密切注意动态情况的状态及其趋势,及时对其加以判断和处理。

5) 先人后物

行人和骑车人是交通弱者,防护能力差,容易受到伤害,处理情况时要把行人和骑车人的安全放在首位,首先避开行人和骑车人,然后再处理其他情况。

二、行驶路面的选择、车速的控制和车距的保持

1. 路面的选择

选择路面时要考虑道路横断面宽度、道路线形、道路通视程度、交通混合度、路面障碍物、交通流量、气候条件及其他环境的因素来正确选择。

行车中应合理选择行驶路线并尽可能地保持直线匀速行驶,以减少车辆机件磨损和材料消耗,减轻驾驶人的疲劳,确保行车安全。

行驶路线选择的基本原则如下。

1) 选宽不选窄

在交通道路选择上,尽量在较宽的道路上行驶,既可保留情况变化时的处理余地,又可以降低驾车速度的影响,保持车速较小变化,提高处理情况的安全保证。

2) 选平不选偏

汽车在偏坡路上行驶,会改变汽车的重心点,稳定性变差,极易造成车辆颠覆。当在雨天行驶时,偏坡路又极易造成车体侧滑。因此,汽车行驶在坡路上时要选平坡。

3) 选中不选侧

在乡间公路行驶时,行驶路线要居中,要保持在道路中央行驶。其好处是,当任何一侧出现情况,都有躲避绕行处理的余地。同时居中行驶可最大限度地削减路边障碍对行车的影响,便于集中精力驾驶。

4) 选缓不选急

当汽车进入弯道行驶时,如果道路较宽,对面又无来车时,为保持行驶车速不受太大影响,可以从弯道的内切点附近通过,这样既保持了行驶平稳,又保持了行驶车速。

5) 选硬不选软

松软的道路会增加汽车的行驶阻力,造成动力不足,不仅使行驶车速降低,同时可能产生换挡误操作。一般来说,靠道路中心经车轮反复碾压部分比较坚硬,靠道路边缘比较松软,尤其是雨天行驶时。

6) 选水不选泥

汽车在通过泥泞路时,车轮会沾满稀泥打滑。而在积水处行驶时,水可防止稀泥粘住车

轮,保持与地面的附着咬合,维持汽车行进。

7)选旧不选新

处于泥泞路行驶状态时,为保证安全通过,路线选择要坚持选旧不选新,即选择原有的车辙路线行进,不要轻易新辟路线。因为原有的车辙部位经车轮反复碾压,虽然车辙较深,但是底部较硬,附着系数较高,通过的可靠性较大。

8)选直不选弯

汽车保持直线行驶是实现平衡运动的条件,直线行驶可以避免离心力的影响,提高行驶速度。要求汽车在行驶中除了因为道路的变化或其他情况影响之外,不可随意曲线行驶。在路线选择上应尽可能选用较直的行车路线。

9)选颠不选弯(载人时)

当汽车载人行驶时,汽车的曲线行驶会造成人员的晃动,增加不安全因素。另外,为了躲避地面情况而转向,使汽车驶向路的一侧,容易出现事故。因此,当汽车载人行驶时,注意不要随意转动转向盘,宁可颠一下也尽量少打转向盘做绕行。

10)选弯不选颠(载货时)

当汽车载货行驶时,由于质量较重,且与汽车结为一体,如果出现颠跳,货物与车体产生共振,会使汽车底盘承重成倍增加,造成机件的损坏,因此载货不同于载人,要严格控制颠跳,对地面突出障碍尽量采取转向绕行。转向时要做好车速配合,尽量减少离心力的增大,以防形成新的危险因素。

行车路线的选择方法还有很多,如冬季行车中的选土不选雪、集镇行车的选静不选闹等。只要抓住了有利于安全行车、有利于平稳通过、有利于各种复杂情况的处理、有利于机件的操作等原则,就可以结合现有条件自然地作出科学、合理的路线选择。

2. 车速的控制

汽车的行驶速度与行车安全、燃料消耗、机件使用寿命都有直接关系,必须合理控制汽车的车速。汽车的行驶速度是根据车型、车况、道路和气候、环境、视线以及交通流量、驾驶技术、驾驶人的精力等因素确定。行车必须严格遵守交通法规中所规定的限速要求,谨慎驾驶车辆,合理控制车速,以确保行车安全。

1)严格按交通法规规定的车速行驶

《中华人民共和国道路交通安全法实施条例》对车辆的速度做出如下规定:

第四十五条　机动车在道路上行驶不得超过限速标志、标线标明的速度。在没有限速标志、标线的道路上,机动车不得超过下列最高行驶速度:

(1)没有道路中心线的道路,城市道路为每小时30km,公路为每小时40km。

(2)同方向只有1条机动车道的道路,城市道路为每小时50km,公路为每小时70km。

第四十六条　机动车行驶中遇有下列情形之一的,最高行驶速度不得超过每小时30km,其中拖拉机、蓄电池车、轮式专用机械车不得超过每小时15km。

(1)进出非机动车道,通过铁路道口、急弯路、窄路、窄桥时。

(2)掉头、转弯、下陡坡时。

(3)遇雾、雨、雪、沙尘、冰雹,能见度在50m以内时。

(4)在冰雪、泥泞的道路上行驶时。

(5)牵引发生故障的机动车时。

2)加速踏板控制车速

初上一般道路,还要注意使用加速踏板控制车速,行驶中遇有情况变化,一时还拿不准处理时,应先收油门(放松加速踏板),充分利用发动机牵阻制动作用减速、观察,待汽车接近情况时,再视情况做减挡操作或跟油继续行驶。

3)制动控制车速

在运用制动控制车速时,不要遇有情况就一脚踩死,然后再重新起步。应根据行车条件的不同变化区别对待,注意保持行车的连续性。踩制动踏板时要细心体会"轻—重—轻"的操作要领,确保汽车在减速时有效、准确和平稳。

3. 车距的保持

汽车在道路上行驶时前后的距离即纵向距离必须保持在一定的安全数值内,行车距离过大、过小都不利于安全行车。

车距过大会跟不上前车而影响其他车辆的行驶,降低了道路的通行能力。或者由于车距过大,给其他车辆的超越提供了空间,其他车辆的超越使行车条件变得更为复杂,形不成车流,降低行车速度,不利于行车安全。

车距过小则会加大盲区范围,不利于通过前车观察其前面的交通情况,更不利于行车安全。一旦前车突然减速很容易追尾。另外,车距过小还会形成被动跟随,使得前车所发生的每一个细微变化,都会影响到后车的操作,后车要不断地制动、换挡,既紧张、疲劳,又不安全。

正确的车距控制

(1)车距的大小也要根据道路、气候、制动性能及驾驶人操作水平的不同加以控制。正确的纵向距离应该同车速数值保持相同。如车速为40km/h,即纵向距离应该为40m。车速为70km/h,即纵向距离应该为70m。原则上讲应该是车速越快车距要越大,车速越慢车距可越小。

(2)在遇到冰雪路面,能见度较差的天气,自身身体状况较差,反应不敏捷时还应适当加大汽车相互间的距离,预留出一定的缓冲空间。

(3)汽车间的左右距离即为横向距离,也应该根据车速的变化和周围障碍物稳定性因素的变化而适当加大,总之车速越快,距离越大,车速越慢,距离越小。

(4)学会利用眼睛的余光,观察道路两侧或支路上可能与本车发生冲突的动态变化,保持必要的"侧向距离"。同方向的车辆、行人是背向本车的,有着不确定因素,间距要适当大些;相对方向的车辆、行人,相互观察比较方便,间距可稍小些。

(1)简述一般道路情况处理的要求。

(2)简述处理情况的原则和方法。

(3)简述行驶路线选择的基本原则。

(4)简述正确控制车距的方法。

任务三 会车、跟车、超车与让超车技能

在会车、跟车、超车和让超车过程中,都要与其他车辆发生交会,必然存在着发生事故的危险,只有掌握正确的观察、分析和判断的方法才能确保安全行驶。

一、会车

会车时应该选择道路条件较好的、有足够的与车速相适应的横向距离的路面进行会车,如果条件不允许,必须有一方先停先让,如图2-7所示。在会车过程中,可根据实际道路情况和双方车辆的速度、距离采取先超后会、先会后超的方法,避免三点一线会车,确保两车间有足够的安全距离。如图2-8所示,两车的横向间距较小。

会车让行　　会车先行
红色(较细)箭头一方让行

图2-7　会车标志图

图2-8　两车横向间距过小

驾驶人在会车时必须遵守交通法规,自觉做到"礼让三先",即"先让、先慢、先停"。应在会车前弄清来车及路面等交通情况,选择适当的会车地点,靠右通过,做到安全会车。

(1)在没有中心隔离设施或者没有划中心线的道路和窄路、窄桥上会车,可先减速,然后靠右,控制车速,稳住转向盘,同时观察右侧的情况,保证非机动车和行人的安全,然后缓慢通过。在狭窄路段会车有困难时,有让路条件的一方应让对方先行。要注意周围交通情况的变化。

(2)在道路前方有障碍物或非机动车的情况下会车,无障碍的一方先行;但有障碍的一方已驶入障碍路段而无障碍的一方未驶入时,有障碍的一方先行。同时根据对面来车的速度、路面等情况选定交会点,尽量避免本车与对面来车和障碍物或非机动车形成横向"三点一线"的情况,如图2-9所示。

(3)行至窄桥处,应正确估计双方距桥的远近和车速。车速慢、距桥远的车辆应主动减速让车,让距桥近、车速快的车辆先通过,切不可盲目抢行,以防发生碰擦。

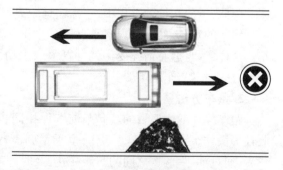

图2-9　"三点一线"交会

(4)狭窄的坡道上,下坡车让上坡车先行;但下坡车已行至中途而上坡车还未上坡时,应

让下坡车先行。在狭窄的山路,不靠山体的一方先行。

(5) 在视线不清的情况下会车,更应提高警惕性,降低车速;夜间会车,注意及时变换灯光,应在对面来车 150m 以外互闭远光灯,改用近光灯,必要时可停车避让。在窄路、窄桥与非机动车会车时,应当使用近光灯。

(6) 会车时要估计到从对面来车的后部突然出现车辆和行人等情况,并随时做好停车的准备。

二、跟车

汽车在行驶中由于受到各种条件、因素的限制,同方向行驶的后车无法超越前车时,就要与前车保持一定距离,在后面跟随行驶,即跟车,如图 2-10 所示。通常在遇到下列情况时采用跟车行驶:

其一,行驶速度与前车相近,利用前车所开辟的行车通道"借光"行驶时。

其二,道路条件不好(窄路、急弯、陡坡、路面破损)不宜超越时。

其三,交通环境复杂(车辆、行人较多的街区、村镇等)不宜超越时。

其四,有前车带路的车队行驶,没有必要超车时。

其五,遇有交通受阻、塞车等情况需要依次顺序行进时。

图 2-10 跟车行驶

1. 跟车距离

安全的跟车距离,一般以本车车速的数值作为参考,但要根据道路、气候、交通环境、操作技术、反应能力等不同要素灵活掌握。特别是初学者,跟车过程中更应该加大跟车距离,留有足够的余量,保证行车安全。

2. 跟车观察

跟车行驶要求驾驶人精力要高度集中,特别是高速跟车时危险性高、视线盲区大、易追尾。因此,一般在行驶过程中,不提倡远距离、长时间地跟车行驶。

跟车的观察方法:把观察重点放在比前车更远的道路情况中去,并用两眼的余光观察前车。这样,一旦遇有情况变化就可以争取主动,和前车一同采取措施,确保后车与前车操作一致、速度相等、车距不变。

3. 跟车方法

跟车操作的主要目的就是与前车保持同步。然而,前车在行驶中所进行的冲车、加挡、收油等操作,后车既看不见动作,也听不到声音。那么,怎样与其保持同步呢?这就要求初学者,通过前、后两车之间的车距变化,及时调整操作。

1) 快速起步在跟车行驶中的应用

汽车在断断续续地跟车行驶中,驾驶人会频繁地进行起步、停车的交替操作。而且停车时间一般很短,有时甚至只停留几秒,又要重新起步,因此驾驶人在这种情况下普遍采用不拉驻车制动的快速起步。有些初学者在跟车行驶中,之所以常常掉队或被其他车辆、行人穿插,就是因为在前车驶离时,后车起步不过关、不能及时跟进,错过了情况处理的最佳时机,所以说快速起步是跟车行驶中常用的操作技巧之一。能否用好快速起步的关键就在于左脚抬离合器踏板时在"半联动"位置的停顿。跟车短停时一旦发现前车起步,应迅速放松制动踏板并把右脚踩在加速踏板上保持一定位置稳住,然后以左脚在"半联动"和分离行程的区域内、外控制汽车起步或暂停。

2）跟车行驶中的超低速行驶（半联动）

汽车在行驶中,经常会遇到道路狭窄、信号周期长、塞车等行车环境。此时前后车距较近,驾驶人既要保证跟上车流,防止其他车辆、行人穿插阻断行车,又要避免因车距过近追尾,车速往往很慢,甚至使用1挡也会出现速度过快现象。这就要求初学者逐步学会掌握"半联动"的操作技巧,以便使汽车能够在超低速状态下行驶。

其操作方法:左脚踩下离合器踏板,右脚放在加速踏板上,当前后车距较大需要跟进时,左脚抬起离合器踏板至"半联动"（接触点）位置稳住不动,右脚稍跟加速踏板。此时,发动机便会通过离合器的"半接合状态"为底盘提供微动力驱动汽车超低速行驶。若前后车距较近需要拉开时,右脚收油,左脚踩下离合器切断发动机动力,利用汽车自身的行驶阻力使汽车减速,以离合器和加速踏板的交替操作控制汽车行驶速度。

特别提示:"半联动"不可长时间连续操作,以免加速分离轴承的磨损及烧坏离合器摩擦片。

3）跟车行驶中加速踏板的操作

驾驶人在跟车行驶中,如果发现前、后车距逐渐拉大,要及时跟油保持正常车距。若感觉车距在缩小,应马上放松加速踏板或轻踩制动踏板减速拉开距离。另外,在跟车行驶中,挡位的选择和加速踏板的运用也有很大关系,既要防止拖挡（低速挡大节气门）跟车又要避免撑挡（高速挡加不了油）跟车。应选择现行车速所适应挡位的中速阶段跟车。以便在利用加速踏板调整车速时,一踩下加速踏板就能有足够的动力,一放松加速踏板就能有明显的发动机制动。

4）跟车行驶中换挡的操作

对于初学者来说,在跟车行驶中最大的困惑,莫过于能否在频繁的车速变换中,及时合理地使用挡位。如果在需要加挡时操作稍晚一点,还不至于影响行车。而减挡不及时则很容易造成撑挡、熄火。况且在复杂的交通环境中既要打方向,又要忙换挡,确有一定难度。这就需要初学者在日常的跟车行驶中注意加强"快速直拨减挡"和"越级减挡"的练习。例如,前车为了躲避行人踩制动踏板、换入低挡,然后冲车加挡继续行驶,而后车也跟着踩制动踏板、减速,若不及时减挡就踩下加速踏板继续行驶,则会由于撑挡加不上油,致使前后车距忽大忽小,影响跟车质量。因此,换挡作为调整车速的基本技术保障,应尽量使其与前车的操作同步。

5）跟车行驶中制动的操作

跟车行驶中遇有前车制动灯闪亮,后车应及时跟随制动。在使用制动时,不要待距离前车很近了才将车控制住,一脚踩死。应留有一定的调整空间,要早踩、轻踩,确保汽车行驶的连续性。

另外,有时在下坡低速跟车时还可采用空挡,只用单脚制动的方法操控汽车。这样做的好处是:需要减速或停车时,不踩离合器踏板,车速由制动踏板随意控制。当汽车暂停后再重新起步时,只需轻轻放松制动踏板,就能滑行起步,十分平稳、方便。

> 注意
> 　　绝对禁止陡坡滑行或熄火滑行跟车。

三、超车

1. 超车和让超车

超车和让超车的方法,如图2-11所示。

图2-11　超车方法及路线

超车一般是在高速行驶的情况下进行的,如果不能很好地处理超车中的安全问题,随时都可能发生事故。所以在超车时应做到:

(1)超车前,驾驶人要正确判断前车的车速,选择平直宽阔、视线良好且左右均无障碍物的路段超车。

(2)超车时先提速,向前车左侧靠近,开启左转向灯,在确认前车允许超车后,同时保持足够的横向距离,从左侧超越。

(3)超车后,应继续沿道路左侧行驶一段时间,在与被超车拉开安全距离后,打开右转向灯,驶回原车道。

2. 禁止超车的规定

根据《中华人民共和国道路交通安全法》第四十三条的规定,有下列情形的,不得超车:

(1)前车正在左转弯、掉头、超车的。

(2)与对面来车有会车可能的。

(3)前车为执行紧急任务的警车、消防车、救护车、工程救险车的。

(4)行经铁路道口、交叉路口、窄桥、弯道、陡坡、隧道、人行横道、市区交通流量大的路段等没有超车条件的。

3. 注意事项

(1)超车前要通过内、外后视镜观察后方和左侧交通情况。

(2)要合理选择超车时机,不得影响其他车辆正常行驶。

(3)超车时要与被超越车辆保持安全距离。

(4)超车前须开左传向灯,鸣喇叭(禁止鸣喇叭的区域、路段除外,夜间改用变换远近光灯)。

(5)要从左侧超车,不得从右侧超车。

(6)在连续超车过程中,必须周密观察交通情况,在确保不与对面来车会车时方可超越。

(7)本车已达到交通法规规定的最高车速时不准超车。

四、让超车

当发现后方有请求超车的车辆时,应根据当时的道路和交通情况,在确保自身安全的前提下,选择适当的路段减速、开启右转向灯、靠右边行驶,让后车超越,如图2-12所示。不得无故不让或让道路不减速。

在让超车过程中,如果发现前方有障碍物,不能因为想绕过障碍物而突然向左打方向,这会让正在超车的驾驶人措手不及而发生危险。此时只能紧急减速或停车,等后车超越后再绕过障碍物行驶。

图2-12 让超车

让车后,应观察后视镜,确认无其他车辆继续超越后,再驶入正常路线。

任务实施

(1)先通过驾驶模拟器进行练习,熟悉操作方法和注意点。
(2)选择道路宽阔、交通流量小的路段,通过车台相互联系,进行相关专项训练。

想一想

(1)简述跟车行驶中的超低速行驶。
(2)简述跟车行驶中加速踏板、制动踏板的操作。
(3)简述在道路前方有障碍物或非机动车时应如何会车。
(4)简述超车的方法。
(5)简述让车的方法。

任务四 坡路驾驶技能

坡道驾驶的技术难度要比平路大,即使是老驾驶人,稍不留神也会遭遇意想不到的麻烦。因此初学者要重视坡道驾驶,掌握坡道行驶的特点,选择适当的速度和挡位,充分利用好离合器,实现坡道安全驾驶。

一、上坡驾驶

1. 上坡起步

上坡起步因受上坡阻力的影响,操作上除按一般道路起步要领进行外,需着重注意驻车制动器、离合器和加速踏板这三种操作机件的配合。

操作方法是:

(1)踩下离合器踏板,挂入低速挡。
(2)少踩一点加速踏板并将其稳住。
(3)两眼平视前方,右手握住转向盘,左手拉住驻车制动器操纵杆,同时缓慢放松离合器踏板至半联动停顿,此时发动机负荷加大(即发动机声音下降、车身开始抖动)。

(4)松开驻车制动器操纵杆,同时再继续下踩加速踏板,实现平稳起步。

> **注意**
> 　　驻车制动器操纵杆松得过迟,会造成发动机熄火而起不了步;松得过早,汽车会后溜造成危险。如出现后溜,则在踏下离合器踏板的同时踩下制动器踏板,绝对不可后溜时猛抬离合器踏板强行起步,以防损坏传动系统的机件。

2. 上坡加挡

上坡加挡的要点:

(1)加挡前的冲车要比平路大。

(2)加挡动作要快。

(3)加挡后要紧跟加速踏板,避免加挡后动力不足。

3. 上坡减挡

当感到汽车动力不足时,就要及时减挡,避免拖挡行驶。上坡减挡的要点:

(1)减挡时机要略提前。

(2)减挡动作要快、准。

(3)减挡后的跟油要及时,可越级减挡。

4. 上坡驾驶

1)通过短而不陡的上坡道

如道路和交通情况允许,可提前加速冲坡。如通过连续几个短小上坡道时,第一个下坡中可加速,利用惯性上第二个坡道。

2)通过长而陡的上坡路

只要条件许可,即可高速冲坡,但应根据发动机动力情况及时减挡,不能用高速挡勉强行驶。由于上坡时车速降低较快,其减挡时机应较平路提前,且坡道越陡,更要提前换挡。必要时可越级减挡,以免因动作缓慢减速太快,致使减挡后无法行驶,甚至造成熄火或倒溜。

3)通过陡坡

坡度很陡时,途中再作减挡动作比较困难,应自上坡前提前减速,必要时也可利用制动减速,换入低速挡。陡坡时的减挡,一般为越级减挡。

4)坡顶盲区的驾驶技法

汽车驶近坡顶时,由于车体的倾斜,使驾驶人视线受阻,看不见坡顶对面的车辆情况,必须适度放松加速踏板,降低车速,并靠道路右侧谨慎行驶。

5. 上坡停车

上坡遇临时停车时,先踩下离合器踏板,待车停住之前用行车制动器将车停住,然后拉紧驻车制动器操纵杆,并将变速杆移至空挡,再松开离合器踏板,最后松开制动踏板。要注意汽车是否后溜;要与前车保持必要的安全距离,不可跟得太近;同时驾驶人不要离开驾驶室,以免发生危险。驾驶人若要离开驾驶室,必须熄火挂入低速挡。如需在坡道上较长时间停车,应拉紧驻车制动器操纵杆,将变速杆挂入1挡,用三角木或石块将车轮塞住,防止汽车自行倒退。

二、下坡驾驶

1. 下坡起步

下坡起步可按平路要领操作,但其加挡前的加速时间应适当缩短,起步时的挡位可根据坡度需要选择。但要注意先松开驻车制动器操纵杆使车辆开始溜动时,再缓抬离合器踏板,然后进行加挡操作,并视情况挂入中或高速挡行驶。为了避免因操作不适损坏机件,一般不宜用高速挡起步。

2. 下坡换挡

1)下坡加挡的操作要点

下坡加挡时不需要加速冲车,只需让汽车在惯性作用下使车速起来后就可加挡。

2)下坡减挡的操作要点

需要减挡时先将车速降至所减挡位的最低行驶速度,随后迅速按一般减挡要领进行。应注意双脚的配合要迅速、有效。也可以利用发动机的怠速牵阻作用使汽车平顺减速安全行驶。

当制动失效或不能使用行车制动减速时,应通过越级减挡降低车速。

3. 下坡行驶

下坡行驶,由于重力作用,往往速度越来越快。为了保证安全,必须提前控制车速,根据需要换入合适的挡位,以免因车速太快而造成危险。

合理使用行车制动器控制速度,并尽量避免长时间过度使用行车制动器。若下坡长时间使用行车制动器,应适时停车检查制动器,发现温度过高时,则等摩擦机件冷却后再继续行驶,以免因制动器过热而使制动失败,从而无法控制车速,甚至发生危险。

下坡行驶,还应随时注意气压表的读数(气压制动的车辆),始终保持有效气压,一旦发现气压不足,立即停车。使用行车制动器时,制动踏板不宜频繁地随踏随放,以免过多地消耗压缩空气。

4. 下坡停车

在坡道上需要停车时,应提前选择好停车地点,并逐渐将车驶向道路右侧,用行车制动器使车速平稳下降,待达到预定地点时将车停住。

(1)熄火后将变速杆挂入倒挡。

(2)拉紧驻车制动器操纵杆。

(3)松离合器踏板,最后松制动踏板。

(4)用三角木等其他硬质物塞住后轮,以防发生溜动。

三、坡道倒车

坡道倒车时,若向上坡方向倒车,起步可按上坡起步操作要领进行。起步后,应控制好加速踏板,保持均匀速度平稳后倒车。停车时,踏离合器踏板的速度应略快于踏制动踏板的速度,以免发动机熄火。

向下坡方向倒车,起步时不可过早地松开驻车制动器操纵杆,应与松抬离合器踏板同时进行。倒车时,右脚放在制动踏板上,首先利用发动机怠速牵阻车辆后倒速度,并根据情况用轻微制动配合。停车时,踏下离合器踏板的同时踏下制动踏板,防止汽车后溜。

任务实施

(1)先通过驾驶模拟器进行练习,熟悉操作方法和注意点。

(2)选择丘陵地区作为教练路线,进行坡路驾驶专项训练。

想一想

(1)简述上坡起步的操作。

(2)简述下坡起步的操作。

(3)简述坡道停车。

项目三　大客车复杂道路驾驶训练

项目描述

作为一名客车驾驶学员,除了学会在一般道路上安全行车外,还要能够熟练掌握城市道路、高速公路、山区道路、复杂地段的驾驶以及在夜间、冰雪雨雾天等特殊气候条件下的驾驶技能,并通过长途驾驶训练全面巩固、提高综合驾驶能力。

项目任务

任务一　城市道路驾驶

任务二　高速公路驾驶

任务三　山区道路驾驶

任务四　复杂地段驾驶

任务五　夜间驾驶

任务六　恶劣气候中的驾驶

任务七　长途驾驶

项目目标

1. 熟悉城市交通信号与标志,掌握正确的城市道路驾驶方法;
2. 了解高速公路的行车特点,掌握正确的高速公路行车方法;
3. 了解山路行车的特点,学习和掌握山路的驾驶要领;
4. 掌握车辆通过各种复杂路段的操作方法和安全注意事项;
5. 了解夜间驾驶的特点,掌握夜间行车的规律,确保夜间行车安全;
6. 掌握恶劣气候条件下安全驾驶的方法与技巧;
7. 掌握在长途驾驶训练过程中各种道路和环境下节能和预见性驾驶的操作方法和注意事项;锻炼驾车的耐力,提高抗疲劳能力。

任务一　城市道路驾驶

城市道路是城市交通的主要组成部分,是供车辆、行人通行的具有一定技术条件的道路、桥梁及其附属设施。城市是人口高度集中的地方,车辆、行人较多,交通拥挤,如图3-1所示。所以要求驾驶人一定要谨慎驾驶,注意行人、车辆的动态,正确判断交通情况的变化,时刻注意交通标志和交通指挥信号,控制好车速。对于客车驾驶人还要注意车辆的平稳性,避免急打方向,急制动,安全驾驶。

一、大中型城市道路驾驶

(一) 城市道路交通的特点

图 3-1 城市道路交通状况

城市道路交通的特点是车辆、行人及非机动车相对集中,交叉路口多,交通信号多,地面标志、标线多,路旁标牌提示多,道路交通情况相对密集,横向纵向车距较近等。而不同规模的城市也有其各自的特点:

(1) 大城市。作为地区的文化、政治和经济中心,人多车挤,街道密布,交通情况错综复杂。但交通管理设施完善,组织严密,管理人员多,人们有遵守交通法规行进的良好习惯和较强的交通安全意识,人、车各行其道,秩序良好。

(2) 中等城市。行人、车辆较多,有相应的交通设施,少数人遵守交通规则的习惯较差,除城市干道外,交通秩序较为混乱,会给行车安全带来不利的影响。

因此,驾驶人更要提高警惕,注意防范,随时做好停车准备,确保城市驾驶的行车安全。

(二) 城市道路的行车方法

1. 分道行驶

(1) 根据道路条件和通行需要,道路划分为机动车道、非机动车道和人行道的,机动车、非机动车、行人实行分道通行,如图 3-2 所示。

图 3-2 分道行驶

(2) 没有划分机动车道、非机动车道和人行道的,如图 3-3 所示。机动车在道路中间通行,非机动车和行人在道路两侧通行。

(3) 道路划设专用车道的,在专用车道内,只准许规定的车辆通行,其他车辆不得进入专用车道内行驶,如图 3-4 所示。

2. 速度控制

城市道路,由于交通情况复杂,所以要控制好行驶速度。

在流畅的车道上行驶时,必须顺车流而动,即顺本车道交通流的速度。如果本车的速度明显低于前方车辆,将会压制后方车流的运行,形成"障碍",甚至"诱发"后车冒险超车而发生事故。当然在跟车的过程中,也要遵守交通法规的限速规定。

图3-3 未划分机动车道、非机动车道的道路

图3-4 城市公交专用车道

3. 通过人行横道

机动车行经人行横道时(图3-5),应做到以下几点:

(1)机动车行经人行横道时,应当减速行驶。

(2)遇行人正在通过人行横道,应当停车让行,如图3-6所示。当人行横道内没有行人时,要注意观察人行横道两端是否有行人或非机动车突然急速通过。

(3)夜间驾驶机动车通过人行横道前需交替使用远近光灯,并改为近光灯通过人行横道。

图3-5 人行横道标志

图3-6 停车让行

4. 通过平面交叉路口

交叉路口比较复杂,当汽车通过交叉路口时,应注意的是:

(1)准备进入环岛路口(图3-7)的让已在路口内的机动车先行。进入环形交叉路口后,所有车辆都要绕岛右侧转行,但不开转向灯。行驶到预定道路,准备驶出路口前,才开右转

向灯,然后离开环形交叉路口。

(2)向左转弯时,靠路口中心点左侧转弯,如图3-8所示;转弯时开启转向灯,夜间行驶开启近光灯。

图3-7 城市环岛路口

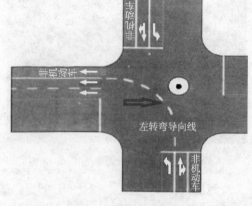

图3-8 左转弯行驶路线

(3)如果机动车通过的是有交通信号灯控制的交叉路口,还应当按照下列规定通行:
①在划有导向车道的路口,按所需行进方向驶入导向车道,如图3-9所示。

图3-9 导向车道

可 变 车 道

在一些城市的交叉路口设置了可变车道,如图3-10所示。其目的就是解决"潮汐现象"比较严重的路口的车辆流向。所谓交通"潮汐现象",即每天早晨进城方向交通流量大,反向流量小;而晚上则是出城方向的流量大,更是加重了拥堵现象。

针对该情况,在交通导流改造中采取可变车道的方式进行了交通组织,即:早高峰进城车辆多时,增加进城方向车道数,减少出城方向车道数。晚高峰出城车辆多时,增加出城方向车道数,减少进城方向车道数。

②遇放行信号时,依次通过。

③遇停止信号时,依次停在停止线以外。没有停止线的,停在路口以外。

④向右转弯遇有同车道前车正在等候放行信号时,依次停车等候。

⑤在没有方向指示信号灯的交叉路口,转弯的机动车让直行的车辆、行人先行。相对方向行驶的右转弯机动车让左转弯车辆先行。

(4)机动车通过没有交通信号灯控制也没有交通警察指挥的交叉路口时,还应当遵守下列规定:

①有交通标志、标线控制的,让优先通行的一方先行。

②没有交通标志、标线控制的,在进入路口前停车瞭望,让右方道路的来车先行。

③转弯的机动车让直行的车辆先行。

④相对方向行驶的右转弯的机动车让左转弯的车辆先行。

(5)机动车遇有前方交叉路口交通阻塞时,应当依次停在路口以外等候,不得进入路口。

(6)机动车在遇有前方机动车停车排队等候或者缓慢行驶时,应当依次排队,不得从前方车辆两侧穿插(图3-11)或者超越行驶,不得在人行横道、网状线区域(图3-12)内停车等候。

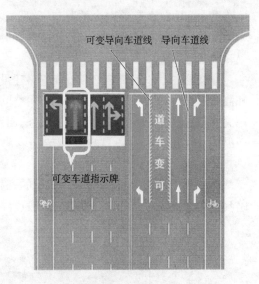

图3-10 可变车道标志

图3-11 行车"加塞"

图3-12 网状线区域内禁止停车

(7)机动车在车道减少的路口、路段,遇有前方机动车停车排队等候或者缓慢行驶的,应当每车道一辆依次交替驶入车道减少后的路口、路段。

5. 通过立体交叉路口

立交桥,又称立体交叉。随着道路建设的发展和交通的需要,许多大中城市的交通要道和高速公路上兴建了一大批立交桥,用空间分隔的方法消除道路平面交叉车流的冲突,使两条交叉道路的直行车辆畅通无阻。它的出现,极大地便利了交通。立交桥的种类很多,各种类型的立交桥又有其各自的通行方法。

1)单纯式立交桥

单纯式立交桥是立交桥中最简单的一种,如图3-13所示。这种立交桥主要用于高架道路与一般道路的立体交叉,铁路与一般道路的立体交叉。

图3-13 单纯式立交桥

其通行方法极其简单,各自在自己的道路上行驶。

2)简易式立交桥

简易式立交桥主要是设置在城内交通要道上,如图3-14所示。主要形式有十字形立体交叉、Y形立体交叉和T形立体交叉。

图3-14 简易式立交桥

其通行方法为:干线上的主交通流走上跨道或下穿道,左右转弯的车辆仍在平面交叉改变运动方向。

3)互通式立交桥

互通式立交桥主要有三枝交叉互通式立交桥、四枝交叉互通式立交桥和多枝交叉的互通式立交桥三类。互通式立交桥的通行方法比较复杂,下面我们介绍两种最常见互通式立交桥的通行方法。

(1)苜蓿叶形立交桥(图3-15)通行方法。通过苜蓿叶形立交桥时,直行车辆按照原方向行驶,右转弯车辆通过右侧匝道行驶。左转弯车辆必须直行通过立交桥,然后右转进入匝道再右转180°。

图3-15　苜蓿叶形立交桥

(2)环形立交桥(图3-16)通行方法。通过环形立交桥时,除下层路线的直行车辆可以按照原方向行驶以外,其他车辆都必须开上环道,绕行选择去向。

图3-16　环形立交桥

6.跟车

在市区拥堵路面跟车,特别是在上下班时间遇到拥堵是很正常的。此时的车与车之间距离非常小,往往不足3m,车速在20～30 km/h,甚至低于20 km/h。这时候跟车跟近了容易追尾,所以跟车时要非常缓慢地踩加速踏板,保持车速平稳,并随时准备制动。另外,也不要时常踩离合器踏板,这样很容易导致离合器非正常磨损。

为了防止由于前车突然制动导致的连环追尾事故,跟车的时候不要只看前车,要用眼睛余光越过前车观察更前面的车,观看制动灯的点亮情况,如果前面的车踩制动踏板,那么就要把右脚从加速踏板移向制动踏板,这么做既能保证及时制动,又能警示后车。

另外跟车时一定要观察一下前车制动灯是否良好,如果前车制动灯不正常(图3-17),那最好换条车道,或者找机会超车,当驶过拥堵路段后就可以加速离开了。

7. 通过城市高架路

一些大城市在主要干道上架设有高架道路,多数人称为高架桥,如图3-18所示。遇到高架桥,驾驶人按道路标向驾车自然行进就可。

图3-17　制动灯损坏

图3-18　城市高架桥

有的高架桥是从交叉路口的立交桥基础上延伸下去,在不同的高度上有不同方向的道路桥,向各方向道路延伸,给人一种多层复杂的感觉。遇到这种高架桥要沿着右转向上路,并按路面上或道路右侧出口指示牌行驶即可。因这种高架桥均是单行道,只要记住出口名称,准确出入,一般也不会出错。

有的高架桥是将整个干道相连,并自成环形体系。遇到这种高架桥事先应了解高架桥所通方向及有哪些出入口。利用高架桥的目的是避开地面道路拥挤的情况,如果经了解所去目的地没有出入口,或上高架桥并不会省时就不必上高架桥。

一旦上高架桥就要记准出口,若错过出口可在下一出口驶下高架桥,通过地面道路返回。

(三)城市道路行车"七不准"

1. 禁止闯红灯

在城市的主要路口,都设有红、黄、绿交通信号灯,它是按照一定的时间规律进行变化的。无论什么车,都不准闯红灯,遇红灯亮要将车辆停在停止线(白色实线)以内;绿灯亮时,准许车辆通行,但转弯的车辆要给直行的车辆让路,不得妨碍直行的车辆。黄灯亮时,不准车辆通行,但已越过停车线的车辆可以继续行驶。当黄灯闪烁时,车辆行人都必须格外小心,注意在确保安全的条件下通行。有的路口是由车道灯控制的,要按车道灯的信号行驶。深夜因车辆较少,有些十字路口两边的信号指示灯全部闪烁,此时应减速在确认安全的情况下通过。

2. 不要随意鸣喇叭

在郊外公路上、弯道及视线死角等地方,提倡鸣喇叭,特别是在雾天、雨天,也要多鸣喇叭,以引起人们的注意。但是在城市则不然,为了减少城市的噪声,许多大城市规定在市区内某些路段禁止鸣喇叭,设有禁鸣喇叭标志。即使是允许鸣喇叭的路段,喇叭的音量也要控制在105dB以下,每次鸣笛不超过0.5s,连续鸣喇叭不许超过3次。也不允许用喇叭唤人。

喇叭是车辆的安全设备,不许鸣喇叭以后,势必对安全行驶造成影响,这就要求驾驶人要格外小心,提高防范意识,控制好车速及汽车与行人之间的距离。

3. 不能随意压线

城市的交通标线很多,有的线是不能压的,如道路中心的单实线、双实线(白色或黄色);而有的线是可以压的,如道路中心的虚线,在超车和转弯时可以短时间压线,也可以越线行驶。如果是中心虚实线(黄色),则禁止实线侧越线超车或向左转弯。

4. 不能随意停车

城市里停车有许多规定,违反了这些规定,可能会影响交通安全。因此在城市内临时停车时,一定要遵守《中华人民共和国道路交通安全法实施条例》第六十三条的规定。

5. 不能随意掉头

在掉头前,一定要确认前后没有车辆才可实施掉头。机动车在有禁止掉头或者禁止左转弯标志、标线的地点以及铁路道口、人行横道、急弯、桥梁、陡坡、隧道或容易发生危险的路段,不许掉头。

6. 不能随意超车

在划有行车道的道路上,后车欲超前车,须待前车让出路面后,才能进行超车。但是,普通的车辆不许超越正在执行任务的警车及其护卫的车队、消防车、工程救险车、救护车,也不许穿插入警车护卫的车队中行驶。

7. 不能随意倒车

在城市街道上倒车时,必须查明情况,在确认安全后才能实施倒车。但在下列地段不许倒车:铁路道口、交叉路口、单行线、桥梁、急弯、陡坡或隧道。

二、城镇(小城市)道路驾驶

1. 城镇(小城市)道路的交通特点

(1)街道狭窄,管理设施不完善,管理人员缺乏,管理组织不严密。

(2)人们缺乏交通安全意识和常识,人、畜、车辆混杂而行。

(3)非机动车违规占道、乱停乱放,若遇集市,人、车十分集中拥挤,秩序混乱,常会造成交通堵塞。

2. 城镇(小城市)道路行驶的注意事项

(1) 村口有限速标志的,按标志要求行驶,如图 3-19 所示。如果没有标志要求的,应减速慢行,提前按响喇叭,做好随时制动准备。

图 3-19　村口限速标志

(2) 通过乡村公路、土路时,要注意车速不能过高,防止村民突然蹿上公路。

(3) 乡村集镇,临路的巷子比较多,除了自行车、摩托车外,牲畜和畜力车也不少。有些赶着牲畜在路边行走的村民,当汽车驶近,牲畜就骚动起来,他们为了保护牲畜而冲到路中驱赶,常常却忘了自己的安危。

(4) 当地村民往往每逢夏秋收割季节把道路当作打谷场和晾晒场,把过往车辆当作义务碾压机,给道路交通造成极大不便。遇有晾晒的谷物,要放慢车速,选择较薄的一侧通过,并提防晾晒谷物人员突然做出有碍通行的举动,或有小猫、小狗或小孩隐藏在谷草之中。

(5) 土路上坑洼、碎石等障碍物较多,行驶速度不能过快,否则车辆振动加剧,不仅造成车辆传动系统、行驶系统等机件损坏,而且直接威胁行车安全。

(6) 在集镇道路行车中不要与前车跟得太近,以免晴天被前车扬起的灰尘或雨天溅起的泥水遮挡视线。遇有会车时,要注意观察路面,特别是在雨中不要太靠近路肩,以防塌方或车辆侧滑产生碰撞事故。当道路较狭窄时,更应避免靠边行驶。

(7) 在集镇道路泥路上行驶时,避免猛打转向盘,踩制动踏板时应柔和。遇较大的水洼时,躲避行驶;无法躲过时,应判明是否可以通过,通过时,应保持直线行驶,尽快通过。

任务实施

(1) 通过驾驶模拟器进行城市驾驶专项模拟训练。
(2) 安排城市驾驶训练。

想一想

(1) 简述城市道路如何分道行驶。
(2) 简述通过人行横道时的操作。
(3) 简述城市道路如何跟车。
(4) 简述城市道路行车"七不准"。

任务二　高速公路驾驶

高速公路是一个国家交通现代化水平的重要标志之一,如图 3-20 所示。现阶段高速公路发展迅猛,我国的高速公路总里程已突破 10 万 km,居世界第一。

高速公路在交通运输中起着十分重要的作用,是我国经济发展的交通命脉,提高了道路通行能力,但高速公路上的事故也相当频繁。在高速公路上行车,对机动车驾驶人的心理素质和驾驶技术提出了更高的要求,机动车驾驶人必须掌握高速公路的行车特点、规律,掌握正确的驾驶操作方法,对确保行车安全是非常重要的。

一、高速公路的特征与交通特点

高速公路是指为直达、快速运输服务的汽车专用公路。为了保证汽车的快速、安全运行,与普通公路相比,有以下交通特征和特点。

1. 高速公路的特征

(1)采取全封闭管理。道路两侧用铁丝网和隔离栏等设施将公路封闭起来,并在进、出入口进行控制,严禁人、畜、非机动车和设计速度较低的车辆进入高速公路。

(2)采用全立交,设有中央隔离带,每侧至少有两个以上车道,车辆分向、分道行驶,互不干扰,提高了通行能力,减少运行事故,保证直达运输畅通无阻。

(3)沿途设有综合服务设施、监控及通信设施等,以保证汽车行驶安全、便捷、畅通。

2. 高速公路的交通特点

1)车辆行驶速度快

由于高速公路上无平面交叉路口,来往车辆各行其道,互不干扰,汽车可以快速行驶。另外,高速公路的设计速度一般为 100~120km/h,同时也有最低限速的规定,如图 3-21 所示。在线形设计上也保证了汽车可以安全而快速地运行,使汽车的高速性能得以充分发挥。

图 3-20 我国现代化高速公路

图 3-21 限速规定

2)交通流量密度大

高速公路上汽车的交通流量比普通公路大得多,随着汽车运力的增加,车辆行驶的密度也不断增大。一般有隔离带的四车道路面,设计的车辆日通行量为 2.5 万~5.5 万辆;六车道设计的车辆日通行量为 4.5 万~8 万辆,八车道设计的日通行量高达 6 万~10 万辆。

3)设计合理行车舒适

由于路面及线形设计科学、合理,平纵面曲线协调完美,交叉形式、视觉效果良好,安全管理、服务设施完善,汽车运行条件十分优越,因此在高速公路上行车比一般公路舒适、安全。

4)交通事故性质严重

高速公路的事故率虽然较一般公路少,然而一旦发生交通事故所造成的损失却比一般公路大,后果比较严重,甚至会有数辆汽车追尾相撞的惨重事故。另外,因车速很高,车辆冲撞、碰剐中央隔离带或防护栏后,造成翻车也会使乘员伤亡。因此高速公路的行车安全不可忽视,必须引起机动车驾驶人的高度重视。

二、必要的准备和检查

车辆驶入高速公路前,驾驶人必须做好各方面的充分准备与车辆检查。

1. 保证燃料充足

出车前,驾驶人应检查油箱内的燃料是否充足,不得因燃料耗尽而中途停车。当燃油报警灯亮时,应迅速到服务区加油,或从最近的出口驶离高速公路,加油后再回到高速公路上继续行驶。

2. 检查车辆

高速公路上的汽车故障,与车祸具有同样的危险。在上高速公路之前,必须检查发动机是否正常,有无异响;制动液、冷却液、机油是否充足;风扇皮带张紧度是否合适;轮胎间有无夹石和异物;轮胎气压及动平衡是否正常,左右轮胎花纹、磨损程度是否一致;各部紧固螺栓是否松动;应急停车的器材,如停车警告标志、随车工具、灭火器等是否齐全、有效;灯光、喇叭、刮水器是否完好、工作正常。

3. 合理安排休息时间

高速行驶容易造成驾驶人疲劳,上高速公路行驶前要注意休息,保证精力充沛,注意力集中,精神振作。

4. 制订可行的行车计划

上高速公路之前,驾驶人要根据行驶路程和时间要求排定行车计划,确定从何处进、何处出,准备在何处加油、休息等,准备好通行费款。制订行车计划一定要切合实际,留有余量。

5. 掌握天气情况

雾、雨、雪、大风不宜驾车驶入高速公路,如必须驾车进入高速公路时,要及时收听广播电台的天气预报和路况预报,注意掌握高速公路入口处的信息板发布的信息。

三、高速公路安全驾驶方法

(一)驶入高速公路

从一般道路驶入高速公路,必须按照以下步骤安全行驶。

1. 进入收费站,领取通行卡

(1) 在进入高速公路前,应注意高速公路起点预告标志,如图3-22所示。

图3-22 高速公路起点预告标志

距离高速公路入口1000m时,严禁超车,向左变更车道。

距离高速公路入口500m时,逐渐降低车速。接近路口前,打开右转向灯,进入高速公路路口。

(2)在进入收费站前,要严格遵守限速规定。应加强观察,密切关注显示屏信息,如图3-23所示。选择通道上方亮绿灯信号(图3-24)且车辆较少的通行道口依次排队通过,切勿争道抢行。

图3-23 关注显示屏信息　　　　图3-24 选择通道上方亮绿灯信号通道通过

(3)在接近取卡窗口时,要尽量将车身靠近窗口,避免汽车离窗口太远造成伸手拿不到通行卡的尴尬局面。通行卡要妥善收存好,以备出口时交卡。

(4)在设有ETC系统(电子不停车收费系统)的收费道路,如图3-25所示。持有电子标签的车辆可以通过,但应注意车速控制在20km/h以内行驶。目前营运大客车均装有ETC系统,走自动缴费车道。

图3-25 自动缴费车道

2.匝道、加速车道的行驶

1)匝道行驶

驶过取卡窗口后,车辆即进入匝道行驶。匝道是一段连接线,一般呈曲线形状。因此驾驶人应控制好车速和方向,车速保持在限制车速以内,避免车辆与弯道边护栏等发生碰撞或刮擦。

在匝道上行驶时,要确认车辆行驶路线,如图3-26所示,不能走错,否则车辆会驶入相反的方向。在看到高速公路入口标志后,打开左转向灯,并逐渐提高车速后驶入加速车道。

在匝道上行驶时,严禁超车、停车、掉头、倒车。

2)加速车道行驶(图3-27)

进入加速车道后,要将车速提到60km/h以上,同时要细心观察行车道上车流的情况,选择正确地插入行车道的时机。

图3-26 确认车辆行驶路线

图3-27 加速车道标志

3. 汇入行车道

从加速车道驶入行车道,最重要的是集中精力,观察左侧行车道上行驶车辆的车速和车流情况,在不妨碍行车道车辆正常行驶的情况下,安全平顺地汇入车流,如图3-28所示。

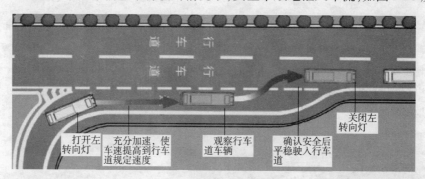

图3-28 汽车汇入行车道

当观察到后方来车还相距较远时,应立即提速后汇入行车道。

当观察到行车道内有连续多辆车(以车队)行进时,千万不能强行汇入行车道,应稍减速等待时机插入。此时应根据自己车辆的加速性能和头车的速度,或从头车的前方驶入,或让"车队"全部通过后,从其后面驶入,不得妨碍其他车辆行驶。

进入行车道正常行驶后,关闭转向灯。调节并确认车速和车距(图3-29),保持与其他车辆相近的行驶车速,留有与前车足够的安全车距。

(二)高速公路安全行车

1. 分道行驶

在高速公路上行驶时,应根据道路的交通情况和车型分道行驶。

每侧只设两条车道(图3-30),右(外)侧为行车道,左(内)侧为超车道。车辆正常行驶应在右(外)侧的行车道上行驶,需要超车时,可进入左(内)侧的超车道进行超车,但超车完成后,应回到行车道行驶。

图3-29　安全车距确认

图3-30　单侧两条车道高速公路标志

每侧设有三条车道(图3-31),由外(右侧)向内起第一条为大型车道,供大型机动车行驶;第二条是小型车辆行驶的小车道;第三条是超车道,供小型车超车时使用。大型机动车超车时可进入小型车道行驶,完成超车后应回到大型车道。

图3-31　单侧三条车道高速公路标志

每侧设有四条车道(图3-32),由外(右侧)向内起第一条、第二条为客货车道,第三条、第四条为小客车道。各车按车型和车速分道行驶。

图3-32　单侧四条车道高速公路标志

行车时,不得随意穿行越线,不准骑、压分界线。除因特殊情况驶入或者驶出应急车道和路肩外,不准在应急车道和路肩上行车。

高速公路客货车分道行驶

从2011年6月1日起,浙江省所有高速公路将全面实行客货车辆分道行驶管理,如图3-33所示,分道时间为8时至20时。此举旨在规范该省高速公路秩序,使得客货分道、各行其道,提高群众通行效率,保障出行安全。

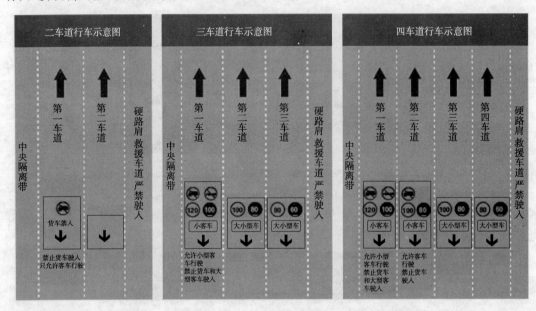

图3-33 高速公路客货车"各行其道"

据高速交警介绍,客货分道行驶路段,交警将提前设置预告标志;分道路段起点,设有"货车禁入"和辅助时间标志,同时在左侧车道设置"货车禁入"文字标线;路段终点,设有"客货分离解除"标志。不按规定车道行驶的车辆将受到处罚。

2. 车速与车距的选择与控制

由于高速公路路面宽阔、视线良好、固定参照物少、驾驶时间长等原因,易造成对车距和车速的判断出现偏差,所以对车辆速度、车距的选择与控制尤为重要。

1)车速的选择与控制

在高速公路上行驶的车辆,其速度应根据道路的交通情况选择。高速公路上对车速两头都有限定,最低不得低于60km/h,最高不得高于120km/h。因此必须遵照执行高速公路的限速标志。如遇大风、雨、雪、雾天和路面结冰时,一定要控制好车速,减速慢行,确保行车安全。

2)车距的选择与控制

高速公路上行车应密切注意前车的动态,应根据车况和自身驾驶能力选择并控制好恰当的行车速度,并时刻注意保持与前车有足够的安全行车间距(图3-34),同时认真观察车辆前后左右各方情况。在高速公路上两车的安全行驶距离是根据行驶速度来确定的:车速为

100km/h，与前车安全距离为100m，车速为80km/h则与前车安全距离为80m。可以运用路边测距标志确认与前车之间的间距。非正常条件下，如遇大风、雨、雪、雾天和路面结冰时，应当减速，要在正常情况规定的安全距离基础上留出能避开危险的余量。

3. 变更车道

在高速公路上行车尽量不要频繁地变更车道，如的确需要变更车道，切记一定要打开转向灯，高速公路上不打转向灯变道是很危险的（图3-35），然后观察后视镜，在确保安全的情况下，慢转方向，使车辆平稳变更车道。

图3-34　保持车距　　　　　　图3-35　未开转向灯变道

4. 超车

在高速公路上行驶的车辆，速度都很快，若要完成超车，就必须以更快的速度行驶，因此，超车时汽车处于超高速行驶状态。在这种情况下，汽车的稳定性会明显下降，同时还要转动转向盘（两次）变换车道，稍有失误就会发生危险，必须小心谨慎地实施超车。

需要超车时，先通过车内或车外的后视镜观察后方（超车道上）有无车辆超越，同时看清前方道路和交通情况。确认安全后，打开左转向灯，慢慢向左转动转向盘，使车辆逐渐进入超车道行驶超越前车。超过后，应继续行驶至与被超车保持一定的安全距离（80m以上）后，打开右转向灯，逐渐向右转动转向盘，进入行车道后，及时关闭转向灯，如图3-36所示。

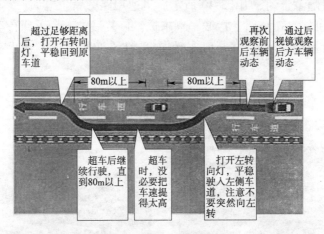

图3-36　高速公路超车方法

超车时转向不可过急，更不能使用紧急制动，尽量一次完成超越；严禁从右侧车道、路肩或紧急停车带超车，如图3-37所示。

图3-37 严禁从紧急停车带超车

5. 出入高速公路服务区

高速公路服务区是提供过往车辆、机动车驾驶人、乘客中途休息、餐饮以及补充油料和检修车辆的场所。

进入服务区前,通常在2000m、1000m和500m处设有服务区预告标志,如图3-38所示。看到标志后,降低车速,开启右转向灯,变更车道,进入服务区匝道,车速不得超过限速标志规定的速度,选择合适的停车区域。服从管理区人员的指挥,遵守服务区的有关规定。

图3-38 服务区预告标志

驶离服务区,按照出口标志行驶,在匝道进入高速公路前,及时打开左转向灯;正确估计车流的行驶速度,靠右逐渐加速;在不妨碍高速公路内的机动车正常运行的情况下,驶入行车道。

6. 高速公路停车

高速公路上不得在应急车道上随便停车,如果没有特殊情况,不要在服务区以外的地方停车。当发生故障确实需要临时停车检修时,必须提前开启右转向灯驶离行车道,停在紧急停车带内或者右侧路肩上,立即开启危险报警闪光灯,并在行驶方向的后方150m处设置故障车警告标志,如图3-39所示,夜间还须同时开启示廓灯和后位灯。紧急停车时,乘客在路肩上不得随意走动,如图3-40所示。迅速用路旁紧急电话(或手机)报告控制中心和交通警察,不可在高速公路上拦截车辆求援。修复后的车辆返回行车道时,应当先在应急停车带或路肩上提高车速,并开启左转向灯,在不妨碍其他车辆正常行驶的情况下,择机进入行车道。

图3-39 设置故障车警告标志　　　　图3-40 迅速把乘客转移到应急停车带内

7. 遇低能见度气象条件时的操作

机动车在高速公路上行驶,遇有雾、雨、雪、沙尘、冰雹等低能见度气象条件时,要注意显示屏等方式发布的速度限制、保持车距等提示信息,并按照表3-1规定安全操作。

低能见度气象条件时的操作　　　　　表3-1

能见度（m）	雾灯	近光灯	示廓灯	前后位灯	危险报警闪光灯	车速（km/h）	车距（m）
<200	●	●	●	●	○	≤60	>100
<100	●	●	●	●	●	≤40	>50
<50	●	●	●	●	●	≤20	尽快驶离

注:●开启灯光。

(三)驶离高速公路

1. 驶离行车道

车辆驶离高速公路前,应加倍观察交通指示标志,尽早发现出口处位置。欲驶离高速公路,要提早做好准备。在2~3km前就可以开始减速,减速时应采用松开加速踏板的方法慢慢减速,尽量不用制动踏板减速。高速公路每一出口前的2km、1km、500m及出口处都设有相应的出口预告标志(图3-41)和出口标志。

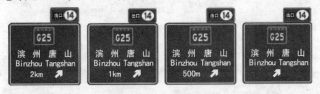

图3-41　出口预告标志

(1)见到2km预告标志牌后,不要再超车。
(2)见到1km预告标志牌后,严禁超车。
(3)驶过500m预告标志牌后,打开右转向灯,做好进入减速车道的准备。
(4)见到出口标志牌后平稳地转动转向盘进入减速车道。

行至距出口500m时,做好驶出准备,将车及时并入最右侧道并打开右转向灯,平稳地进入减速道,如图3-42所示。

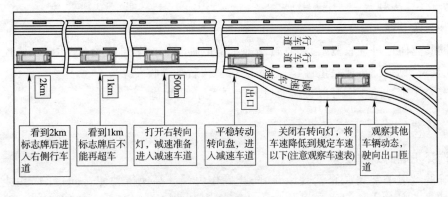

图3-42　驶出高速公路

驶离高速公路时,万一错过出口处,即使是刚刚错过出口处,也应继续行驶至下一出口,方可离去,决不可停车、回转逆行(图3-43)或者倒车(图3-44)。

图3-43　高速公路逆行

图3-44　高速公路倒车

2. 减速车道的行驶

进入减速车道应从减速车道的始端进入,如图3-45所示。不得从减速车道中部进入。进入减速车道后,打开右转向灯,注意观察车速表,充分减速,在进入匝道前车速应降至40km/h左右,如图3-46所示。驶离匝道与驶入匝道一样要掌握好弯道操作,根据匝道的弯度掌握好转向盘缓慢驶出匝道。未经减速车道减速的车辆,不得直接进入匝道。应注意从其他车道合流的车辆,切勿争道抢行,应相互礼让。

图3-45　进入减速车道应从减速车道的始端进入

图3-46　匝道行驶限速标志

3. 驶入收费站

车辆驶离匝道进入收费站,在收费站前不可以临时变换车道或超车、插队。要控制好车速,进入收费口后,把车窗对正停稳,办完交费手续后驶离收费站。

持有电子标签的车辆可以直接通过ETC专用收费通道。

四、高速公路行车操作要领

1. 选择正确的驾驶姿势

正确的驾驶姿势可减轻驾驶疲劳,防止操作失误。高速行驶使转向盘的灵敏度增加,车辆能够承受的转向盘最大转动量仅有中低速行驶时的1/4左右。只用手腕和小臂操作即可完成必需的转动动作,因此驾驶姿势可两手轻握转向盘,小臂稍伸展,肘部稍弯曲。高速行驶时,人的有效视野变窄,注视点移向远方,这时宜调整靠背稍向后倾斜,坐在座椅前后适中的位置,使背部第三腰椎部位可靠地抵在靠背上,这样可减轻疲劳,适于高速长距离行车。

2. 合理分配注意力和注视点

高速行驶时,驾驶人应有意识地适当转移注视点,如看一下车内的仪表、后视镜等,或者打开车窗,接受车外凉风吹拂借以提神。在直线道上行驶时,注视点一般应放在几十米以外的车道标线上,并适当地变换位置,适时注意路边的标志或情报板等,借以改变注视点,如果感到眼睛实在疲劳,则要选择路边服务区停车稍作休息,然后再上路。

3. 合理使用制动

高速行驶时应尽量避免紧急制动,否则会招致更大的危险。如果在车辆高速行驶途中突然实施紧急制动,由于车辆的惯性很大,大部分的车辆质量都转移到前轴上,后轴会浮起而左右滑动,严重时将引起侧滑甩尾,甚至平地翻车,造成重大事故。在制动过程中,车辆可能会因各车轮的制动力不均匀而发生跑偏,导致与其他车辆或路边护栏相撞。因此高速行驶时,应及时发现情况,需要减速制动时,首先应使用发动机制动(即放松加速踏板),降低车速,然后再分2~3次踩下制动踏板,使车辆逐渐减速。车后的制动信号灯因随制动踏板的多次踏放而多次闪烁,更容易引起后车的注意,有助于防止追尾撞车事故。

4. 正确使用转向

操作稳定性是保护车辆行驶安全的重要行驶性能。如果驾驶人转动转向盘的动作过猛,超过了操作稳定性的限度,车辆就会失去控制,发生侧滑、甩尾、翻车等事故。因此在高速公路上行驶时,操作转向盘一定要十分小心,即使遇到某些意外情况,也要沉着冷静,首先利用制动使车速降低以后再配以方向操作,如果不减速就猛打方向,车辆容易失去控制,从而发生交通事故。

知识链接

《中华人民共和国道路交通安全法实施条例》第八十二条

机动车在高速公路上行驶,不得有下列行为:

(一)倒车、逆行、穿越中央分隔带掉头或者在车道内停车。
(二)在匝道、加速车道或者减速车道上超车。
(三)骑、轧车行道分界线或者在路肩上行驶。
(四)非紧急情况时在应急车道行驶或者停车。
(五)试车或者学习驾驶机动车。

任务实施

(1)通过驾驶模拟器进行高速公路专项训练。
(2)通过驾驶训练场的模拟高速公路进行训练。

想一想

(1)简述高速公路的特点。

(2)简述车辆驶入高速公路前驾驶人应做的准备与检查。
(3)简述高速公路上行驶的操作要领。
(4)简述《中华人民共和国道路交通安全法实施条例》第八十二条的规定。

任务三　山区道路驾驶

我国是一个多山地的国家。山地和丘陵地带的公路,如图 3-47 所示。一般是根据自然地理条件而修筑的,大多依山傍水,或盘山绕行,或临崖靠洞,或穿洞过桥。了解山区道路行车的特点,学习和掌握山区道路驾驶的安全操作,是驾驶人学习的一项重要内容。

一、山区道路的特点

山区道路具有如下特点:

(1)坡长且陡。山区道路上都有很多坡道,有些路段为了减小道路的坡度,就不可避免地延长了坡道的长度。如我国青藏、川藏、西兰等干线公路,翻山越岭,连续的上下坡路普遍在10多km,有的甚至长达几十千米。汽车上山时,常需要用低速挡长时间的行驶,而下山时,则需长时间运用制动。

图 3-47　山地公路

(2)路窄弯急。由于自然条件造成山区道路修筑难度大,道路一般都比较窄,山区道路多为盘山绕行或环山傍水,弯道曲折,连续不断。转向盘运用频繁,还经常需要变换挡位,加之弯道视线受阻,所以要时刻准备避让和停车。驾驶人思想常处于戒备状态,精力消耗大。

(3)险情较多。有的山区道路经常会有滚石落下,有的山区道路在雨季会有山洪或泥石流发生。险情出现后,往往会使山区道路遭受破坏,交通被中断,甚至会危及驾驶人和车辆的安全。

(4)天气多变。由于受地形地貌的影响,山区的天气变化无常,有的山区气候湿润,常处于云雾笼罩之中;有的山区气候干燥有很大的风沙;有的山区在山下天气炎热,但在山上却像进入三九寒冬;有的山地昼夜温差悬殊。

以上这些情况,对汽车的动力性和安全行车均造成了一系列不利的影响,同时还影响到驾驶人和乘车人员的安全,所以在山区道路驾驶时要注意力集中,控制车速,谨慎驾驶,以防发生危险。

二、山区道路驾驶的准备

山区道路驾驶的条件较为复杂,为了保证行车安全、顺利,应当做好以下准备:

(1)要保证汽车有良好的技术状况,尤其是转向、制动、传动及车轮工作性能安全可靠。
(2)配备必需的随车物品,如三角木、铁锹、易损零件等。
(3)出车前应当事先了解山区道路情况,做到心中有数。

三、山区道路驾驶的操作要领

1. 上坡驾驶(图3-48)

（1）汽车上坡起步时，应保持发动机足够的动力，使车辆平稳地上坡；应随时注意冷却液温度表工作情况，防止发动机温度过高。

（2）爬坡时间较长，驾驶人要耐心、谨慎。若冷却液沸腾时，应选择适当地点休息片刻，并添加冷却液、检查车辆，待温度降低后再继续行进。

（3）汽车上陡坡时，必须根据坡道情况选择适当的挡位行驶，使发动机保持足够的动力。当

图3-48　上坡驾驶

动力不足时，应迅速减挡，切不可强撑，以至造成拖挡熄火。如错过换挡时机，可越级减挡。

若遇换不进挡或发动机熄火时，应立即使用行车制动器停车，然后重新起步。

若遇车辆失控后溜时，应把车尾转向靠山的一侧，使车尾抵在山石上，而将车辆停住。此时注意转向盘不能转错，以免发生事故。

在冰雪、泥泞等湿滑的坡道上行车，若遇有前车正在爬坡时，后车应选择适当地点停车，等前车通过后再爬坡。

2. 下坡驾驶(图3-49)

下坡驾驶前，要认真检查制动装置和转向装置，确保技术状况良好。

1）下长坡

下长坡前，应根据提示牌(图3-50)了解坡道长度等状况，下长坡时禁止脱挡滑行。因制动器使用时间过长，制动鼓和制动蹄片会发热，应随时注意检查，并选择适当地点停车休息。有制动鼓淋水冷却装置的汽车应提前将淋水开关打开。有辅助制动器(电力或液力下坡缓行器，发动机排气制动器)的汽车，应以此为主控制车速。

图3-49　下坡驾驶

图3-50　下长坡提示牌

下长坡中，感到制动效能有异常变化时，应及时停车检查，排除故障后再继续行驶；如发生行车制动器突然失灵时，应沉着冷静，可采取"抢挡"的措施，增加发动机的牵阻作用，同时要灵活准确地掌握好转向盘，并运用驻车制动器给以辅助制动停车。

2)下陡而长的坡道

一般选择与上坡同级的挡位,以便利用发动机的牵阻作用控制车速。并要合理使用制动器稳定车速(30km/h),严禁熄火、空挡或踏下离合器踏板滑行。

气压制动的车辆,要保持气压在安全标准以上。只要气压能满足需要,也可采取断续制动,以利制动鼓和制动蹄片的冷却。气压太低时,应迅速换入低一级挡位,增加发动机的牵阻作用,提高发动机转速,使充气加快。

使用液压制动的车辆,应将制动踏板踏两次后,用脚踏住制动踏板。需增强制动力时,往下踏;需减少制动力时,稍向上抬。当制动踏板高度逐渐变低后,可再踏两次,使踏板高度重新升起。

由于制动使用频繁,会使制动效能急剧降低,一旦制动器完全失效,车速会越来越快,以至无法控制而造成严重恶果。此时,应利用天然障碍给车辆造成道路阻力,以消耗汽车的动能,迫使车辆停住。例如,车辆顺势转入路边的田野、草丛、松软的土地、乱石等,以阻止车轮的滚动。如果情况紧急,可缓慢地转动转向盘,使车厢的一侧向山边(或树木)靠拢撞擦,以减少损失。有些路段设有紧急避险车道,如图3-51所示。如发生制动失灵,可驶上该车道避险。

图3-51 紧急避险车道

此外,注意给上坡车让路,但会车不可靠边过多。如遇泥泞、冰雪等湿、滑路面应及早装好防滑链。冬季下长坡时,应做好发动机的保温工作。

3. 盘山道路的驾驶

盘山道路(图3-52)的特点是坡长而道窄,坡陡而弯急,所以操作难度大,稍有疏忽,便将产生严重后果。因此,除了使用前述的上下坡道操作方法之外,还必须掌握盘山道路的操作特点。

遇到回头弯急弯坡道时,如图3-53所示,如果转弯前能清楚看到对面无车来,则应提前换入低挡,保持足够的动力,避免在转弯中换挡,同时可以适当借道,并用两手交替法操纵转向盘一次性顺利通过。若在转弯前看到来车,且弯道路面较宽,不致影响会车时,则应各行其道,互不超过中心线;如果是下坡,则应降低车速,靠边行驶,以照顾转弯上坡车,并与之安全交会。如果弯急道窄会车困难时,刚下坡车应让上坡车先转过急弯,以免影响上坡车的转向和发生相互碰擦事故。

图 3-52　盘山道路　　　　　　　图 3-53　回头弯急弯坡道

4. 傍山险路的驾驶

傍山险路(图 3-54)往往是一边靠山、一边临崖,路窄、弯急,非常危险,驾驶人必须认真掌握傍山险路的操作要领,低速行驶,确保安全。

图 3-54　傍山险路及标志

1)应集中思想,注意交通标志,谨慎驾驶

如果感到疲劳或对通过险路无把握时,应暂停,待察看有把握后,安全通过;行车中要重点观察靠山一边的路面,尽量选择道路中间或靠山的一侧谨慎驾驶,如图 3-55 所示。切不可四处张望山间景色和无谓地窥视崖下深涧,以免分散精力和产生不必要的紧张心理。

2)会车时,应做到"礼让三先",选择安全地点会车

如会车地点在悬崖边或溪岸旁,地势比较危险时,应停车观察路基情况,在确保安全的前提下缓缓会车通过。在靠山行驶时会车,自己所驾驶汽车应尽量靠近峭壁,给对方来车留足够的路面,如图 3-56 所示。

图 3-55　选择靠山的一侧驾驶　　　　　　　图 3-56　山路会车

3）在视线受限的弯道上行车,应严格做到"减速、鸣喇叭、靠右行"。

特别是下坡车应在转弯前平稳降低车速,随时做好停车准备,以防转弯中遇到汽车交会或转弯后遇到路障。下坡转弯中严禁超车。边转弯边上陡坡时,应提前减挡,使车辆有足够的动力,避免转弯时换挡,以便于双手把握转向盘。遇狭路急转弯不能一次性通过时,第一次可延迟转向时机,用倒车变更轮位后,再继续转弯行驶。

5. 通过危险地段(图3-57)**的驾驶**

各种危险地段产生险情,总是同气候变化等因素直接关联,如解冻期和多雨季节,常会遇到山洪暴发、泥石流以及雪崩等。

图3-57　危险地段驾驶

通过危险地段应注意以下事项:

(1)临近危险地段前,应了解前方道路情况,以便采取适当措施。

(2)进入危险地段应认真观察,若前方路面有散乱的大小石块、泥块或堆石时,应考虑是否塌方和滑坡,应选择安全位置停车,细心观察,待确认安全后,方可通过。切忌犹豫不定或在可疑地段停车。若车前突然遇到坍塌,应立即停车后倒避让。如果险情发生在车后,或有碎石落在车上或车旁时,切勿停车察看,应加速前进一段路程,选择安全地点停车处理。遇到塌方严重,暂时无法排除时,应及时掉头迂回或找安全场地停车等待。

(3)遇到沿线施工地段,要注意"爆破"工程,须听从安全岗的指挥,绝不可冒险通过。

6. 通过气候多变的复杂山路

(1)经常收听当地气象预报,根据预报做好准备,确定行车方案。

(2)途中遇到恶劣气候,应当以人员、物资、车辆的安全为前提。遇到暴风雪、暴雨、浓雾时,应驶向附近的有食宿站点或就地停车等待,不可冒险行进。但遇暴雨时,车辆必须驶离山顶、山脚或泄洪地段及有山脊凸出的道路上,以防雷电、飓风、山洪、塌方和滑坡。

7. 通过便桥、便道与险桥、险路

复杂山路中的便道(图3-58)、便桥与险桥、险路,多是原有的路桥受到破坏;或破坏后采取临时通车措施。这些路段基础差,路的宽度、弯度和坚实程度,桥的材料、结构和承载能力等均无一定规格和标准,行车更加困难,危险性大。通过时应按以下方法操作:

(1)便道、险路上行驶要注意行驶路线的选择,无特殊情况不得在此路上停车,以防陷车。要加强与友车的协作礼让,遇到陷车要积极相互救援。

(2)遇到便桥要提前减速,用低挡缓行通过。遇到险桥应停车检查,必要时可下客减载通过。

（3）绕行遇到冰雪覆盖的弯路、坡道、河谷等危险地段时，应特别注意选择行驶路线，必要时停车勘察。根据道路特点确定正确的驾驶操作方法，不得冒险闯入。驶出险道和通过碎石路段后，要停车检查、清除夹在两轮胎间的石块等杂物。

图 3-58　便道

四、山区道路驾驶的注意事项

（1）在山区道路上经常会遇到连续弯道和急转弯，一般在弯道前都会有路标提示，如图 3-59 所示。从提示中可以得知前方是什么样的弯道，当看见这些路标时，驾驶人应当减速慢行。

图 3-59　弯道的路标提示

（2）山区道路驾车时尽量避免超车，因为山区道路比较狭窄，弯道很多，而且大部分外侧车道外就是悬崖或陡坡，超车时会有一定的危险因素。如果不得已必须超车，也不能在弯道超车，必须选择在直道并且是虚线的情况下进行，还要观察好前后的路况，在条件允许时才可超车，如图 3-60 所示。

（3）车辆山区里发生故障后分为两种情况：一种是车辆还可以勉强行驶，这种情况下驾驶人可以尽量把车辆开到附近的村庄等相对安全的地点，然后再进行维修。另一种是车辆无法行驶，这时驾驶人应该尽量把车辆停靠在直道的路边，打开双闪灯并在车辆后面放置三角警示牌，然后站在安全的地方打电话求助。如果车辆在弯道抛锚，实在没有办法移动车辆,应该把三角警示牌放在进入弯道之前,如图 3-61 所示。尽量不要摆放在弯道中或弯道口。如果车辆在坡道抛锚,建议不仅要在车后放置三角牌,同时也要在对面的坡道放置醒目的提示标志,以免对面坡道的来车不能及时发现故障车辆。

图 3-60　山区道路超车

（4）山区道路行驶时,由于弯道特别多,所以经常会出现车辆一会在阳光下,一会又在阴影中。这样的光线切换,眼睛会来回调整容易产生疲劳、逆光看不清等情况,非常影响驾驶人的视线,还容易引发事故发生,所以我们建议大家可以戴上墨镜,减少阳光对眼睛的影响。另外还有一种情况,路上的积雪、结冰或积水会产生反光,这种光线非常刺眼,对驾驶人的视线也会造成影响,戴上墨镜也可以防止这种光线影响视力,如图 3-62 所示。

图 3-61　三角警示牌放入弯道前

图 3-62　光线刺眼时戴上墨镜

任务实施

（1）通过驾驶模拟器进行山区道路驾驶专项训练。

（2）通过驾驶训练场的模拟山区道路进行训练。

（3）选择山区进行驻点训练。

想一想

（1）简述山区道路的特点。

（2）简述山区道路驾驶前的准备工作。

（3）简述山区道路上坡驾驶的操作要领。

（4）简述盘山道路驾驶的操作要领。

任务四　复杂地段驾驶

在行车过程中,经常会通过一些复杂的地段。如处理不当,很容易发生安全事故。因此,驾驶人必须要了解这些路段的特点,使用正确的操作方法,提高注意力,谨慎驾驶,安全平稳地通过。

一、通过桥梁、铁路道口、隧道、涵洞

1. 车辆通过桥梁

驾车临近桥头时,要看清桥头附近的交通标志,严格遵守限载、限速的规定,慢速平稳通过,避免制动和冲击,如图3-63所示。如还有其他车辆,应根据桥梁情况,加大与前车之间的距离,逐车通过。通过时,若确认安全无问题,应一气通过,尽量避免在桥上变速、会车、超车,更不能在桥上停车,以免阻塞交通。如遇有情况或视线不清时,应提前减速,并鸣喇叭示警。

图3-63　车辆通过桥梁

1)公路大桥

汽车在通过笔直宽阔的公路大桥时,其驾驶操作与一般平直道路一样。但在通过跨海、跨江及山区大桥时,应注意横风,如图3-64所示。

图3-64　通过跨海、跨江及山区大桥时,应注意横风

2)窄桥(图3-65)

遇有桥面狭窄的桥梁时,应观察好是否有对面来车,桥上是否还有其他非机动车、行人、路障等(有时桥面施工时,会允许单向通行)。

图 3-65　窄桥及标志

在窄桥上会车时,应根据自己的车速和距桥的远近采取果断措施：
(1)如果自己的车辆速度快且距桥近,应加速通过后,再与来车交会。
(2)如果自己的车辆距桥远,应根据距离适当控制车速,让对方车辆先通过窄桥。
(3)如果自己的车辆距桥近,但速度慢,对方车辆距桥稍远一些,但车速快,估计对方车辆有先到桥的可能时,就应立即减速,待对方车辆通过桥后再行过桥。

3)拱形桥(图 3-66)

拱形桥又称驼峰桥,因其坡度变化较大,驾驶人视线受阻,往往看不清对方车辆和道路情况,形成盲区。所以,应在汽车接近桥头时,降低车速、鸣喇叭,夜间变换远、近光灯,示意对方车辆、行人注意避让,并靠右侧行驶。要做好制动停车的准备,以便处理下桥时可能遇到的各种情况。切勿冒险高速冲过拱桥桥顶,以免发生碰撞事故。

图 3-66　拱形桥及标志

4)漫水桥(图 3-67)

漫水桥又称水中桥,因驾驶人看不到水中道路,加之雨季、汛期水深变化无常,也是比较危险的。通过漫水桥之前,应观察好其他车辆的行进路线及两侧参照物。入水后应远视对岸固定目标,按规定路线匀速行驶,尽量避免途中换挡和停车。汛期过漫水桥时,应随时注意水情预报,要向当地人了解汛情、水深等,然后再通过。当水深超过本车最大涉水深度时,不宜冒险通过。

5)浮桥(图 3-68)、吊桥及便桥

遇到浮桥、吊桥及便桥时,须先停车查看,在确认无危险后低挡平稳驶过。如果桥上有守护人员时,要听从指挥。过桥途中不得制动、变速或停车,以减少对桥梁的冲击和振动。车上的乘员最好下车步行过桥。

图 3-67 漫水桥及标志

图 3-68 浮桥

6）Z 形道路桥（图 3-69）

驾驶人在行车中，经常会遇到上桥之前一个急转弯，下桥之后又是一个急转弯的 Z 形道路桥。这种桥对行车安全威胁较大，因为桥的两端都是直路，临近上桥时突然一个急转弯，使得一些驾驶人，还没有从行驶的状态中调整过来就进入急转弯，往往造成减速不彻底，保留速度过快而撞坏桥栏或翻于桥下等（特别是夜间行车时）。因此，驾驶人在遇到 Z 形道路桥时，必须严防速度错觉，彻底减速方可通过。

图 3-69 Z 形道路桥

7）雨、雪天过桥

雨、雪天通过泥泞、结冰的桥面时，驾驶人必须谨慎驾驶，从桥面中间慢慢匀速通过，如图 3-70 所示。当桥面非常溜滑时，驾驶人应先在桥面上铺垫沙土、草秸、碎煤渣等，或清除桥面上的泥泞和冰雪,也可在车轮上安装防滑链后通过,不可盲目过桥,防止汽车发生甩尾、侧滑撞击桥栏杆,甚至翻车。

8)夜间过桥

驾驶人夜间在生疏的道路上行车,遇有通过桥梁的文字提示和指示标志时,要格外引起重视。过桥会车时应关闭远光灯,若对方没有变换近光灯,产生炫目看不清桥面有多宽时,应立即减速,必要时应停车观察,看清之后再通过。

2. 车辆通过铁路道口

铁路是国家经济的大动脉,是我国交通运输的重要组成部分。我国现在铁路道口很多,它分为有人看守道口(图3-71)和无人看守道口(图

图3-70 雨、雪天过桥

3-71)。如果不按照规定通过铁路道口,极易发生交通事故。

图3-71 有人看守铁路道口标志

车辆通过铁路道口时,必须遵守交通信号或者听从道口看守人员和道口安全管理人员的指挥,挂合适低挡稳速通过,不允许换挡,最高车速不得超过30km/h,并不得在道口内超车或者停留。

1)车辆通过设有交通信号的铁路道口

车辆通过设有交通信号的铁路道口时,必须遵守下列规定:

(1)两个红灯交替闪烁或红灯稳定亮时,表示火车接近道口,禁止通行。

(2)红灯熄灭白灯亮时,表示道口开通,准许车辆通行。

(3)当红灯和白灯同时熄灭时,表示停电或者设备发生故障,道口信号无效,在这种情况下,必须听从道口看守人员和道口安全管理人员的指挥,在道口前减速或者停车,确认安全无误后迅速通行。

2)车辆通过没有交通信号或者无人看守的铁路道口(图3-72)

车辆通过没有交通信号或者无人看守的铁路道口,应遵循"一停、二看、三通过"的操作原则,在确认安全后通过。

"一停、二看、三通过"具体讲就是当驾车来到铁路平交道口前,要提前留出一定的距离(最少20m),及时制动把车辆停下(但不熄火),然后向铁道左右两边仔细观看,确认铁路上

确实没有火车将要开过来。有时候铁路道口左右方向可能会有弯道，这时你的视线可能就无法透过弯道看到火车，所以如果你听到火车鸣笛或者摩擦等声音时，也一定要先等火车通过以后，确定暂时不会再有火车通过时，自己才能够开动车辆慢行通过铁路道口。

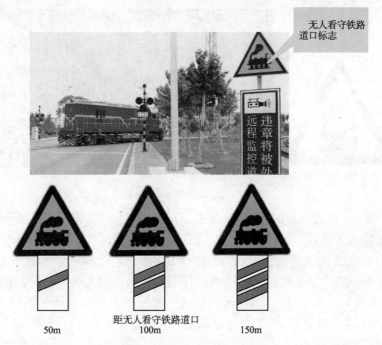

图 3-72　无人看守铁路道口标志

有些车辆在接近铁路道口处，才发现或者听到有火车驶来时，此时应立即避让到距铁路钢轨 2m 以外的地方，严禁停留在铁路上或者抢行抢越。

3）操作注意事项

（1）车辆在铁路道口停车等待时，要拉紧驻车制动器操纵杆，以防车辆发生溜滑，与后面的车辆碰撞。

（2）注意凸出路面的道岔、枕木，以防损伤轮胎。

（3）握紧转向盘，防止轮胎越过轨道时转向盘发生转动而击伤手臂。

（4）如果汽车一旦在铁路上熄火，必须立即设法把车移离铁路。在火车即将来临的紧急情况下，可将变速杆挂入一挡或倒挡，抬起离合器，启动点火开关，用起动机直接将车驶离铁路。

（5）火车通过时，应立即做好发动汽车和起步的准备，一旦放行，应立即起步，以免阻塞交通。穿越铁路时，必须一气通过，不得在火车通过区变速、制动、停车。

3. 车辆通过隧道、涵洞

车辆进出隧道、涵洞时，由于眼睛不能马上适应明暗的变化，容易产生错觉而极易造成交通事故。所以汽车通过隧道和涵洞时，一定要减速慢行，看清路面，确保安全行车。

1）车辆通过隧道的操作方法

（1）进入隧道前要注意交通标志或交通信息板，特别是限速标志，如图 3-73 所示。汽车从隧道外路段驶入时，人的眼睛对黑暗适应时间大约需要 7~8s，此时驾驶人的视力下降，因而必须减速。此外,夜间隧道行车,由于隧道内有照明灯,隧道内比外部明亮,驾驶人也不要提高行驶速度。在隧道内行车不能凭直觉判断车速,一定要通过车速表确认行驶速度,同时还应注意保持相应的车距。

图3-73　进入隧道前注意交通标志

(2)当车辆行至隧道入口前约100m左右,打开前照灯、示廓灯、尾灯,查看车速表,按隧道口标志上规定的车速和车道行驶。进入隧道后,双向行驶的隧道内禁止使用远光灯。通过高速公路上的隧道,也应开灯行驶,目的是标明车辆的位置,确定车距,防止追尾事故。

(3)通过单行道隧道时,在进入隧道前应仔细观察对方有无来车,是否有通行条件。允许通过时,适当鸣喇叭或开启示宽灯,缓行通过。如发现对面有来车驶入隧道或有停车信号,应及时在道口靠右侧停车,待来车通过或见有放行灯光信号后,再起步驶入隧道,做到红灯亮停车,绿灯亮通过。

(4)通过双车道隧道时,应靠道路右侧以正常速度行驶,注意保持行车间距,严禁在隧道内变更车道、超车、掉头、倒车和随意停车,如图3-74所示。

图3-74　隧道内变更车道、超车

(5)由于各级公路的隧道都比隧道外路面窄,特别是路肩的宽度是以最小基本宽度为设计基准的。所以,隧道内严禁随意停车,以免交通阻塞。若汽车抛锚于隧道内,应立即通知隧道管理部门,设法将车辆拖出隧道,不得在隧道内检修。

(6)控制好汽车方向,严加注意隧道内的交通状况。驾驶人在进入前要尽量通过各种手段了解隧道内的交通状况,以确保行车安全。另外,隧道的出入口处是气流变化较大的地方,特别是在高速公路上,受侧向气流的影响,常常产生较大的侧向力,使汽车突然改变行驶方向。驾驶人必须注意这一点的影响,在降低车速的同时,应握紧转向盘,保持好行驶方向。

2)车辆通过涵洞(图3-75)

因受客观条件制约,多数涵洞高度受到限制。通过涵洞要视情况降低车速、注意车辆的高度是否是在允许范围之内,必要时要停车核实,绝不可粗心大意或抱侥幸心理。有疑惑时应缓缓驶入或请人下车指挥。涵洞路幅一般不宽,与汽车交会应相互礼让,依次通过。

二、泥泞、翻浆路面驾驶

汽车在泥泞、翻浆道路上行驶时,由于松软的路面和黏稠的泥浆在车轮的挤压下产生严重变形,使行驶阻力增大、附着能力差,驱动轮容易产生空转打滑和侧滑,制动性能降低,方向不容易掌握,给驾驶人安全行车带来了威胁,如图3-76所示。因此,车辆行至泥泞、翻浆路面,应停车进行调查,搞清泥泞、翻浆程度及距离,防止汽车陷入,进退两难。

图3-75 车辆通过涵洞

图3-76 泥泞、翻浆道路行驶

泥泞和翻浆道路的驾驶操作要点:

(1)正确选择行驶路线。在泥泞路上行车,要注意选择比较平整或泥泞较浅的路面行驶;路面如已有车辙,可循车辙前进;在有拱度的路面,尽可能沿着路中间行驶,以保持左右车轮高低一致。

(2)保持均匀车速。驶入泥泞路之前,要正确估计道路的泥泞程度,提前换入适当的挡位,匀速通过;中途尽量避免换挡,若需换挡时,动作要敏捷,时机要提前;泥泞路上要避免停车,以防轮胎下陷。

(3)保持直线行驶。通过泥泞路段前,先预定径直的行驶路线。通过时,两眼看着前方目标,尽量少打转向盘,以保持直线行驶。

(4)汽车在泥泞路上行驶需要靠边时,先在路中减速,或换入低速挡,逐渐驶向路边,然后抬起加速踏板让车自然停下,不要将车辆驶到路边使用制动停车。

(5)转弯时要提早减速换入低速挡,缓和地调整所需的转向角度,切不可猛打转向盘和利用滑行转弯,否则会引起严重的侧滑。

(6)当汽车后轮发生侧滑时,要立即抬起加速踏板,把转向盘向后轮侧滑的一方转动,使后轮摆动回路中,待车身正直后,再缓和的回正方向。

(7)车辆陷住后,不宜采取快进猛退的方法,以免损坏传动机件,加速轮胎的磨损,应清除车轮下泥浆,铺垫草帘、沙石等,将车驶出。车辆不能自救时,可请求其他车辆牵引拖出。

三、涉水、过渡驾驶

1. 涉水驾驶(图3-77)

车辆经过涉水路前要进行涉水路线的调查和选择,做好涉水前的准备和防护工作,涉水中谨慎驾驶,涉水后仔细检查,以确保行车安全。

(1)车辆经过涉水路面时要注意最高涉水位置,我们可以通过观察水面没过轮胎的高度来决定涉水行车是否安全,只要水面不超过轮胎的2/3处,一般来说涉水行车是安全的。如果水位达到了保险杠位置,车辆过水时推起的水浪就可能通过进气口进入发动机,造成发动机熄火。此时切勿再点火,以免对发动机造成更大伤害。

(2)车辆涉水时要挂低挡轻踩加速踏板,使车辆以稳定而缓慢的速度通过积水路段。涉水行驶中切记轻踩着加速踏板不松脚,否则加速踏板一松会造成排气管回压将水倒吸进发动机给发动机造成严重损坏。

图3-77 涉水驾驶

(3)要避免中途停车、换挡和急打方向。眼睛要看准固定目标,不可注视流水,以免扰乱视觉,使方向失误。

(4)多车涉水时,不要同时下水,待前车到达彼岸,后车才下水,防止前车因故停车,迫使后车也停在水中。

(5)车辆过水后,低速行驶一段路程,并轻踏几次制动踏板,让制动蹄片与制动鼓发生摩擦,使附着的水分受热蒸发,待制动效能恢复后,再转入正常行驶。

2. 汽车通过渡口

随着我国公路建设的不断升级发展,大部分河流上架有供车辆行驶通过的桥梁。但个别地方仍使用渡船载车过河。所以,对过渡驾驶操作,驾驶人也要很好地掌握。

上、下渡船时,驾驶人应按照下列操作完成驾驶:

(1)汽车上、下渡船和等待上、下渡船时,必须遵守有关规定,听从管理人员指挥,不抢行,不争先,才能确保安全,如图3-78所示。

图3-78 车辆上下渡口

(2)客车上渡船前,应在规定的地点下客;下渡船后,在规定的地点等候乘客上车。

(3)上、下渡船时,要低速慢行,不能猛冲。避免换挡、减速、停车。

(4)驶上渡船后要按位置平稳停车,然后拉紧驻车制动器操纵杆,熄灭发动机,并采取防止车辆移动的措施。

四、通过凹凸路面

汽车通过凹凸道路时(图3-79),如果驾驶不当,将会引起剧烈振动,这种振动不仅损坏机件,而且还会使转向盘失去控制而造成事故。因此,汽车通过凹凸道路时要谨慎驾驶。

图3-79 凹凸路面及标志

1. 汽车通过凸路时的驾驶方法

凸路,就是高出道路水平线的凸起物或曲率半径很小的凸形桥。汽车通过凸形地段时,车速是关键,正确的操作方法是基础。

1)要保持正确的驾驶姿势

上身稍贴后靠背坐稳,两手握紧转向盘,防止由于身体随车跳动而失去对汽车的控制。

2)要注意路面情况,分别采取不同的方法通过

(1)通过短而凸的道路,应降低车速,空挡滑行通过。

(2)通过连续小凸凹或"搓板"路时,要适当减速,保持匀速行驶。

(3)通过较大的凸形地段,应用低速挡缓慢通过,必要时,应在凸形地段前停车,重新起步通过。前轮将要上凸形地时应加油,前轮到凸形地最高点时要抬起加速踏板,使前轮溜下凸形地,然后,用前轮通过的方法使后轮通过。

2. 汽车通过凹路时的驾驶方法

凹路,就是低于道路水平线的洼坑地段或凹形桥以及横沟。

1)要端正驾驶姿势

上身稍贴后靠背坐稳,两手握紧转向盘,防止由于身体随车跌落而跳动失去控制汽车的能力。

2)要注意路面情况,分别采取不同的方法通过

(1)通过短而凹又浅的凹坑道时,应在过凹坑前降低车速,换入适当的低速挡,当前轮通过凹坑后,利用汽车急速的牵引力前进,当后轮下凹坑时,轻踩加速踏板,使后轮顺利通过凹

坑。切忌空挡溜凹坑后，上凹坑时阻力大于车辆惯性，使后轮再度下凹坑，将轮胎卡住，进退两难。尤其是乡村道路挖沟引水，横过公路，沟不宽又较深，容易造成卡车轮现象，此时换挡，再加油，轮胎也上不了凹坑，所以过凹坑路时，不宜用空挡。

(2)通过连续的小凸凹或"搓板"路时，要适当减速，保持匀速行驶。

(3)通过较大的凹形地时，应抬起加速踏板，并使车速降到一定程度，利用汽车的惯性使前轮溜下凹坑沟底，再踩加速踏板上沟，然后，待后轮到凹形沟边时，再抬起加速踏板，使后轮溜下底沟，再踩加速踏板使后轮驶出凹形地。

任务实施

(1)通过驾驶模拟器进行复杂地段的驾驶训练。
(2)通过驾驶训练场的模拟场地进行训练。

想一想

(1)简述车辆通过桥梁的方法。
(2)简述车辆通过铁路道口的操作注意事项。
(3)简述车辆通过隧道的操作方法。
(4)简述涉水路面驾驶方法。

任务五 夜间驾驶

夜间驾驶(图3-80)训练是驾驶学习的一个重要环节。认识和掌握夜间行车的特点，了解道路的识别和判断方法，掌握灯光的使用规定，是驾驶人必须掌握的技能。

图3-80 夜间驾驶

一、夜间驾驶的特点

1. 视野变窄、视距变短

夜间行车的最大特点是照明条件差，光线不好，视线不良。驾驶人只能看清被灯光照亮的道路和物体；而汽车的远光灯照射距离一般是150m左右，近光灯为30m左右，照射范围不超出路面，使得夜间行车时的视野变得十分狭窄，视认距离大大缩短。驾驶人观察、判断情况的准确性也会受到很大的限制。

2. 驾驶人容易疲劳

由于夜间视认能力下降,驾驶人要集中精力看清前方的情况,非常容易疲劳;夜间长时间行车会使驾驶人感到单调乏味,容易打瞌睡。

3. 容易盲目开快车

夜间行车,特别是长途行驶,交通情况少,思想容易麻痹而开快车。另外,夜色茫茫,单车行驶,判断车速没有参照物,驾驶人往往又急于赶路,在不知不觉中就会提高行驶速度,越开越快。

二、出车前的准备

根据夜间行车特点,出车前机动车驾驶人必须做好各方面的充分准备,做到有备无患,以防止或应付途中可能出现的意外情况。

1. 适当休息

出车前要作适当休息,尤其是夜间长途行车前,必须保证充足的睡眠和充沛的精力,以减轻夜间行车时的疲劳程度。

2. 做好出车前的准备

夜间行车前,必须对车辆的技术状况做全面的维护和检查。如全车的灯光、电气设备进行认真的检查、调整和必要的维护,使其保持良好的性能。检查并补充油、水、轮胎气压等,以保持正常的标准。还必须检查传动、转向、制动等影响行车安全的各部机件是否牢固可靠,若有故障或影响安全的因素,应及时排除,消除隐患,保证车辆有良好的技术状况。

3. 带好随车物品

夜间行车,尤其是执行长途任务,要携带必要的随车工具、铁锹、夜间工作灯或手电筒等夜间照明用具,以及易损的常用零配件。

4. 路线的选择

夜间行车应遵循一条原则,就是安全第一。而在行程的安排上,尽量不走夜路。因为夜间行车无形中增添了很多潜在的危险,尤其是长途驾车。在路线的选择上,首选还是高速公路。因为黑夜带来的最大麻烦就是视觉上的障碍,我们最担心的不是自己的车,而是车外的路况。所以全封闭的高速公路无疑是夜间行车的首选,它不仅免去了路况不熟的后顾之忧,而且路中间的隔离带还能有效地阻止对面车辆射来的灯光。如果没有选择,只能走没有封闭的国道或者省道的话,那么就要严格控制车速,并增加跟车距离,准备随时停车。

三、夜间道路与车辆行驶状况的识别与判断

1. 夜间道路的识别与判断

在不熟悉的道路上行车时,除了注意道路的标志和路旁的地形外,还应掌握以下一般的常识和判断方法。

1)根据车速判别

在车辆正常行驶的情况下,如车速自动降低,发动机声音沉闷时,则意味着行驶阻力增大,汽车可能正在上缓坡或行经松软路面;如车速自动增高,发动机变得轻快时,意味着行驶阻力减小,汽车正在下缓坡。

2) 根据灯光判别

(1) 当灯光投射距离由远变近时,是汽车驶近或驶上坡道,或驶近急弯、将要到达起伏坡路的低谷地段;如灯光投射距离由近变远时,是汽车由弯道驶入直路、驶入下坡或者由陡坡驶入缓坡。

(2) 当灯光离开路面时,应注意前方可能出现弯道或大坑,也可能是正驶上坡顶。

(3) 当灯光由路中移向路侧时,前方有一段弯路;如是连续弯道,灯光则相应地由道路一侧照到另一侧。

(4) 当前方出现黑影,车辆驶近时逐渐消失,表明路面有浅小的洼坑;如不消失,则说明路面有较大的深坑;如黑影横过整个路面,表明前方有一条横沟。

3) 根据道路颜色判别

如夜间无灯光的情况下,驾驶人要根据路面的颜色去识别道路。道路的颜色,主要是由路面材料决定的,同时也受到气候、季节的影响。

(1) 一般碎石路,在没有月光的情况下,路面呈深灰色,路外两旁呈黑色。

(2) 在有月光的情况下,路面呈灰白色,路外为灰褐色。

(3) 在雨夜,路面呈黑灰色;坑洼、泥泞的地方呈黑色,积水处呈白色。

(4) 在下雪之后,车辙初时呈灰白色,后呈黑色。

2. 车辆行驶状况的识别与判断

夜间一般只能辨认出各种物体的大体轮廓,对车辆行驶状况的辨别通常也是根据灯光的变化来判定的。汽车的前灯均为白炽灯且呈光柱照射,尾灯均为有色灯(红色、黄色等)且光线散射。

若前方出现白色光柱时,即可认为有相向行驶的车辆,根据其两前照灯(或前侧灯)的宽度,判定来车的宽度。

若前方出现有色灯时,即可认为是同向行驶的车辆;如果突然增加了灯光亮度,即可断定前车制动,应迅速采取相应措施。

四、夜间安全驾驶操作要领

1. 灯光使用

灯光有两个作用:一是照明,使驾驶人看清前方路面的情况;二是信号作用,使其他车辆看清本车的位置与行驶状况。

《中华人民共和国道路交通安全法实施条例》第五十八条规定:机动车在夜间没有路灯、照明不良或者遇有雾、雨、雪、沙尘、冰雹等低能见度情况下行驶时,应当开启前照灯、示廓灯和后位灯,但同方向行驶的后车与前车近距离行驶时,不得使用远光灯。机动车雾天行驶应当开启雾灯和危险报警闪光灯。

灯光的使用时间一般与街灯开闭时间一致,如遇到阴暗天气或视线不清时,可提前或推迟开闭灯光。

1) 起步

(1) 应先开亮灯光看清道路,防止发生意外。

(2) 鸣号、观察、安全确认、挂挡。

（3）"三者配合"起步。

2）夜间正常行驶

如果车速在 30 km/h 以下时应使用近光灯,正常状况下灯光可照出 30 m 以外。而车速在 30 km/h 以上时,就应使用远光灯,灯光必须照出 100 m 以外。夜间行车一般不使用喇叭,通常采用反复变换远近光灯的方法代替喇叭,以警告前方的车辆和行人。远近光变换效果如图 3-81 所示。

图 3-81　夜间远近光变换效果

3）会车与超车

应距对方来车 150 m 时,将远光灯变为近光灯,这是为了避免妨碍对面驾驶人的视线,如果对方不改近光灯,应立即减速并连续使用变换远、近光灯的办法来示意,对方如仍不改变,则应减速靠右停车。

夜间超车,除打开左转向灯外,还要通过变换远、近光灯来提醒前方车辆有车准备超越,一般不按喇叭。

4）通过交叉路口

车辆通过有交通信号控制的交叉路口,应在距路口 50~100 m 处减速,并将远光灯变为近光灯,同时开启转向灯示意行进方向。

通过没有交通信号控制的交叉路口,应变换远、近光灯示意其他车辆与行人。

5）通过急弯、坡路、拱桥、人行横道

机动车在夜间通过急弯、坡路、拱桥、人行横道时,应当交替使用远近光灯示意,如图 3-82 所示。

图 3-82　夜间通过急弯时交替使用远近光灯示意

6）在雨雾中

使用防雾灯或前照灯近光灯。不宜使用远光灯,以免出现炫目的光幕,妨碍视线。

7）停车

须在车辆停稳后再闭熄灯光,如需停放一段时间,应开亮小灯和尾灯,引起外界注意。

夜间行车途中遇到汽车发生故障需要停车时，应将车停放在较宽敞的地段，并打开危险报警闪光灯、示廓灯和后位灯，并按规定在车后面 50～100m 处放置警告标志，以便过往车辆能够及时发现，防止撞车。

2. 车速控制

夜间的行车速度，一般应比白天适当降低。即使道路平直和视线良好，也应考虑到对道路两侧顾及不周的弱点，必须警惕突然事件，因而车速也不宜过快。在驶经弯道、坡路、桥梁、狭路和不宜看清的地方，更需减速缓行，并做好随时停车的准备。

3. 夜间会车

夜间发现来车，地形允许交会时，首先要减速。到距离来车 150m 左右时，将前照灯远光灯改为近光灯，并将车靠近道路右侧缓行。待两车相距 100m 左右时，应注意观察清楚前方车的地形、路线，掌握适当的行车位置，保持靠道路右侧行驶。闭远光灯改为近光灯后，切忌盲目转动转向盘。如果天黑，道路情况复杂，视线不清，可用断续开闭近远光灯的方法缓行通过，即将远光灯打开 2s，待看清车前道路情况后，关闭远光灯，改用近光灯，待 3～4s 后，再打开远光灯 1～2s，然后再关闭，依此循环。在关闭远光灯时要注意与来车配合好，当来车开远光灯时，应闭远光灯；当来车闭远光灯时，可打开远光灯。这样相互闪烁远光灯，可以观察道路，但也不会使对方炫目。变光不宜太频繁，开远光灯的时间要短，并在会车中做好随时停车的准备。待两车头接近，即可打开远光灯继续行驶。

夜间会车时，礼让行车很重要，如果对方来车未及时改变灯光，应在减速时用喇叭鸣号或反复变灯提示，如果对方还不变灯，要有耐心坚持安全礼让，必要时还可靠路边停车，等来车通过后再开远光灯前行。切勿斗气以强光对射，以免损害双方视觉而酿成车祸。

4. 夜间超车

夜间超车也是一件相当危险的事情，所以尽量避免超车，如图 3-83 所示。必须超车的时候，切记要准确判明前方情况，确认条件成熟，再跟进前车，打开左转向灯并连续变换远近灯光，必要时以喇叭配合，预告前车避让，在判定前车确已让路允许超越时，方可超越。在超车中应适当加大车间距离。

5. 跟随前车

夜间近距离跟车时，后车不得打开远光灯，同时要增加跟车距离，如图 3-84 所示。驾驶人在夜间行车时，一是视线不如白天开阔，二是常遇危险、紧急情况。为此，驾驶人必须准备随时停车。在这种情况下，为避免危险，要注意适当增加跟车距离，以防止前后车发生相碰事故。在多灰尘的地段上跟随前车，应当拉长距离，以保持正常的视线。

图 3-83　夜间尽量避免超车

图 3-84　夜间驾驶应增加跟车距离

6. 通过繁华街道

在城市里行车,要注意从左侧横过道路的行人。特别是我国城市道路上的路灯几乎都在道路两侧,道路中心线附近光线很暗,此情况下更应注意。由于霓虹灯及其他灯光的交织映辉,对视线颇有妨碍,若在雨后,还会遇到沥青路面的反射作用,应当使用近光灯,并降低速度,鸣号,细心观察,谨慎驾驶。

7. 注意道路施工信号

在夜间行驶,一些道路障碍以及道路施工指示信号灯也是需要格外注意的,如图3-85所示。在阴暗地段,路况不易辨清时,必须减速。遇险要地段,应停车查看,弄清情况后再行进。夜间行车视线不良、路界不清,常使车辆偏离正常运动轨迹或遇到意外情况采取措施不及。驾驶人应降低行车速度,以增加观察、决策和做出反应的时间。

图3-85 注意道路施工信号

8. 在熄灯条件下行驶

如行驶中前照灯突然损坏,要沉着果断,稳住转向盘,立即采取停车措施。等修复后再行车。

9. 倒车和掉头

需要倒车和掉头时,必须下车看清路况、低空障碍及四周的安全界限,然后在有人指挥下进行操作,并在进退中多留余地,以确保安全。

五、夜间行驶的注意事项

1. 克服麻痹思想

克服"晚上车少、人少,汽车开快点不要紧"的麻痹思想,随时注意和瞭望交通情况,防止事故发生。

2. 防止瞌睡

夜间行车容易疲劳,尤其在午夜以后最容易瞌睡,对此要十分警惕,稍有感觉,便应立即停车休息,切忌勉强行驶。感觉疲劳时,可下车做些体操活动,振作精神,以利继续行驶。另外要避免夜间长时间行驶。

3. 夏季夜间行车

夏季夜间行车时,要集中注意力。不仅要注意路面的车辆,也要小心避让路边的纳凉人。如果遇到突发事件,例如被对面的车辆用前照灯晃了眼睛等,首先要踩制动踏板,其次不要大角度的使汽车改变方向。

任务实施

(1)通过驾驶模拟器熟悉夜间灯光的操作,再通过原地实车加强灯光操作训练。

(2)选择适合的教练路线,调整作息时间,保证休息。

(3)利用车台相互联系,进行超、会、让、跟的专项训练。

想一想

(1) 简述夜间驾驶的特点。
(2) 简述夜间驾驶时前应做好的检查和准备。
(3) 简述夜间起步、停车的操作。
(4) 简述夜间会车时灯光的操作。
(5) 简述夜间行驶的注意事项。

任务六　恶劣气候中的驾驶

由于在恶劣气候中行驶时路况条件变差、视线不清、车马行人动态复杂，就要求驾驶人比平时更加谨慎驾驶，根据各恶劣气候的特点采取不同的措施达到行车安全的目的。

一、雨天驾驶（图3-86）

1. 雨天的交通特点

1）路况发生变化

久旱初雨或蒙蒙细雨时，雨水和路面上的积土、油污、轮胎橡胶粉末混合在一起，使路面状况变差；久雨或特大暴雨，会造成路肩松软，有的地段会出现塌方、路基塌陷以及路面积水等。

2）视线受到影响（图3-87）

细雨易造成风窗玻璃挂满水珠，视线模糊，只能靠刮水器进行改善；大雨或暴雨时，风窗玻璃上形成溪水，有时靠刮水器也难以改善视线；刮水片在雨中左右摆动，视线不良。

图3-86　雨天驾驶

图3-87　雨天行车视线产生影响

3）驾驶人易疲劳

雨中行车，视线障碍较大，眼睛易疲乏，观察情况困难；长时间在雨中行车，身体易疲劳，精力消耗大，心理上会产生压抑感，对正确判断来往车辆和行人以及正确选择行车路线均带来极大的困难。

4）行人行为混乱

阵雨、暴雨来临之际，往往是乌云笼罩、电闪雷鸣、狂风大作、尘埃飞扬、昏天黑地，视线不清，此时，行人往往只顾埋头急奔，寻找避雨处，目标不一，方向不定；路边有晾晒衣物的地方,必然出现抢收、抢盖等情况;在蒙蒙细雨中的行人和骑车者,因头戴雨帽,致使视线、听觉都受到限制;一手握车把,一手拿伞者更是左右摇晃,对交通情况不易看清,易突然转向或滑倒。

因此,在雨天行车时,一定要对道路情况进行周密观察、准确判断、提前处置,保证安全。

2. 正确的操作方法

1) 保持良好的视野

雨天开车上路,要及时打开刮水器。天气昏暗时还应开启近光灯和防雾灯。如果前风窗玻璃有霜气,则需开冷气,并将冷气吹向前风窗玻璃;如果后风窗玻璃有霜气,则要打开后风窗玻璃加热器,尽快消除霜气,以免看不清后面的车辆。

2) 防止车轮侧滑

雨中行车时,路面上的雨水与轮胎之间形成"润滑剂",使汽车的制动性变差,容易产生侧滑。因此,驾驶人要双手平稳握住转向盘,保持直线和低速行驶,需要转弯时,应当缓踩制动踏板,以防轮胎抱死而造成车辆侧滑。如果是前轮侧滑,应当将方向朝侧滑的相反方向纠正;如果是后轮侧滑,要将方向朝侧滑的一侧纠正,切不可打反方向。

3) 低速挡缓慢行驶

无论道路的宽窄、路面状况的好坏,雨中开车尽量使用中低速挡(2或3挡)、不超过30km/h或40km/h的车速,随时注意观察前后车辆与自己车的距离,提前做好采取各种应急措施的心理准备。如需停车时,尽量提前100m左右减速、轻点制动踏板,让后面来车有足够的应急准备时间,避免由于制动过急造成碰撞或者追尾。

4) 防止涉水陷车

当车经过立交桥下、深槽隧道等有大水漫溢的路面时,首先是停车查看积水的深度,最简单的方法是水深不能超过排气管的高度,如果超了,应选择其他路线绕行;如水深只淹没小半个轮胎,可以挂一挡,稳住加速踏板,低速直行,一气通过,切不可中途停车、换挡或急转方向,防止因操作失误而导致车辆熄火、损坏发动机,如图3-88所示。

图3-88 涉水陷车

5) 不宜加速超车

雨中行车,要随时注意前车的行驶速度和方向,绝不可因前车速度慢而加速超车。尤其是在高速公路上,由于各车道的车速相对较高,驾驶人的视角变窄,加上路面湿滑,强行越线超车时,稍动方向就很容易造成车轮打滑,极易造成与其他车辆发生剐蹭,引发车辆侧翻等意外事故。

6) 防止行车中撞人

由于雨中的行人撑伞、骑车人穿雨披,他们的视线、听觉、反应等受到限制,有时还为了赶路、争抢而横穿猛拐,往往是车辆临近时惊慌失措而滑倒,使驾驶人措手不及。遇到这种情况时,驾驶人应减速慢行多鸣笛,耐心避让,必要时可选择安全地点停车,切不可急躁地与行人和自行车抢行,防止撞倒行人。

7) 车陷泥坑的自救方法

下雨天或在乡间土路上行车时,经常遇到车轮陷入泥坑的情况,如图3-89所示。一旦发生这种情况,可以挂上一挡或倒挡,试探性地缓踩加速踏板,当汽车能前行或者后退时,要保持加速踏板位置不变,低速开出泥泞路段。如果汽车无法前后移动,可以在驱动轮前后垫石块、砖头、木板或树枝等,以增加车轮与地面的附着力,使汽车平稳开出泥坑。

二、雾天驾驶(图3-90)

多种环境因素中,雾天是最为恶劣的气候条件,雾天发生交通事故的概率比平常要高出几倍,甚至几十倍。因浓雾造成几十辆车辆连续追尾的事故屡见不鲜,损失惨重。因此,保证雾中行车安全显得尤为重要。

图3-89 汽车陷坑自救

图3-90 雾天驾驶

1. 正确使用灯光

在雾天行车时,应按规定打开防雾灯、近光灯、前后小灯和示廓灯。如车辆行驶在高速公路上,能见度小于100m时,还要打开危险报警闪光灯。要充分利用灯光提高能见度,以看清前方道路、车辆和行人。

> **注意**
>
> 夜间雾天不要使用远光灯,因为远光灯是向上方照的,射出的光线被雾气漫反射,会在车前形成白茫茫一片,开车时反而什么都看不见了,如图3-91所示。
>
>
>
> 图3-91 雾天不能开远光灯

2. 保持比较低的车速

雾中行车时,要严格遵守交通规则的限速规定,千万不可开快车。雾越大,可视距离越短,车速就必须越低。一般情况下,遇雾天能见度在50m以内时,最高车速不得超过30km/h。如在高速公路行驶时,当能见度小于200m时,车速不得超过60km/h;能见度小于100m时,车速不得超过40 km/h;能见度在50m以内时,车速不得超过20 km/h,并尽快从最近的出口驶离高速公路。

3. 使用喇叭进行提示

如果是在平常驾驶时,常鸣号不仅扰民还很不礼貌,但在雾天时鸣号则是很有必要的!行驶中可适当鸣号,听到对方鸣号时,应以短音回答,对异常的鸣号声要停车查看。通过鸣号使所有的交通参与者交流信息,促使其他车辆、行人引起足够的警觉,以减少事故的发生。

4. 不要盲目超车

雾天行车,因看不清道路情况,尽量不要超车,跟随前车行驶。当超越路边停放的车辆时,要在确认其没有起步意图而对面又无来车后,适时按喇叭,从左侧低速绕过。

5. 选择正确的行驶路线

雾天行车不能轧线行驶,否则会有与相对方向的来车发生碰撞的危险。如果是单向两条车道的道路则要选择在外侧车道缓慢行驶。如果是单向三条车道的道路则要尽量选择在中间的车道行驶。在弯道和坡路行驶时,应提前减速,要避免中途变速、停车或熄火。

6. 不要猛踩制动踏板

考虑到雾天无法分辨车距,所以行驶中要控制好车速且与前车保持较大的距离,避免紧急制动,防止后车追尾。如果发现前车紧急制动时,可以连续几次轻踩制动踏板,达到控制车速的目的,并可以有效地提醒后车注意。

三、冰雪道路驾驶(图3-92)

大雪过后,路面被油光锃亮的冰雪路面所覆盖,在湿滑的路面开车,考验的不只是车辆和轮胎的性能,驾驶技巧也是关乎行车安全的关键。

图3-92 冰雪道路驾驶

1. 车辆在冰雪路面行驶的基本特点

雪天路滑,如果路面结起一层薄冰,就形成了人们常说的"地穿甲"现象,使汽车轮胎与路面的摩擦系数减小,附着力大大降低,给汽车行驶带来许多麻烦。

（1）车辆在冰雪路面上行驶时,车辆的抗滑能力几乎为零。汽车的驱动轮很容易打滑或空转,尤其是上坡、起步、停车时还会出现溜车的现象。

（2）车辆在行驶中如果突然加速或减速,很容易造成侧滑及方向跑偏现象。

（3）遇情况紧急制动时,会使制动距离大大延长,高于一般干燥路面的4倍以上。

（4）由于冰雪的影响,非机动车或者行人有时会发生突然摔倒或偏离正常行进方向。

2. 冰雪道路驾驶技巧

1）起步

在冰雪路行车,驱动轮容易打滑,有条件的要安装防滑链,如图3-93所示。在未装防滑链的情况下,起步时,节气门开度不宜过大,慢抬离合器踏板。如果起步困难,可以在驱动轮下铺垫干草、煤渣、沙土等,以提高附着力,实现车辆平稳起步。

图3-93　冰雪路行车尽量安装防滑链

2）行驶速度的控制

行驶中,要根据道路情况,选择适当的挡位,低速行驶。发现情况时,首先要松开加速踏板,利用发动机的怠速牵阻作用降低车速。行车中要尽量保持车辆的整体平衡,发生侧滑时,应立即缓慢、适当地向后轮侧滑的一侧转动转向盘,可连续数次转转向盘,以便调整车身。

3）行驶路线的选择

积雪覆盖的道路,有时沟壑被积雪掩盖,道路轮廓难以辨别,行车时应根据道路两边的树木、电杆等参照物判断行驶路线,控制车速,低速行驶。

有车辙的路段应循车辙行驶,转向盘不可急打急回,以防车辆侧滑偏出道路。

在弯道、坡道及河流等危险路段行驶时,更应注意选择好行驶路线,路况稍有可疑立即停车,待察看清楚确认安全后再继续行驶。

4）保持安全的行车距离

行驶中要加大车间距离,以防发生相撞事故。会车时要提前避让,选择路面较宽的地点,在保持两车的横向距离时,也不要靠路边太近,必要时可停车,让对方车辆通过后再行驶。尽量不要超车,若必须超车,应选择较宽的路面,在得到前方车辆同意并让出车道后,方可超越。

四、寒冷天气驾驶(图3-94)

我国北方地区,入冬后便逐渐进入严寒季节。恶劣的气候,对汽车的动力性能和驾驶操作,都有较大影响,对安全行车十分不利。所以,严寒气候下的安全驾驶,首先要在保证车辆技术状况良好的前提下,才能显示出驾驶方法和技巧的有效性。

1. 严寒天气驾驶的特点

(1)严寒气候下,较低气温会造成发动机起动困难,燃油雾化不良。

(2)润滑油黏度增大,零件表面润滑油少,加剧了机件的磨损。

(3)风窗玻璃易积霜,或因车内外温差大而形成雾汽阻碍视线。

(4)路面易积雪、结冰,造成路面湿滑,附着力小,易产生侧滑,制动性和行车稳定性均较差。

(5)驾驶人的手脚易冻僵,衣服厚重,造成操作的灵活程度受到影响。

图3-94 寒冷天气驾驶

2. 严寒天气驾驶操作技巧

1)上车前清霜雪

上车之前首先清除汽车前后风窗、后视镜上的霜雪。脚底的积雪也要注意,防止冰雪带入驾驶室后,使制动踏板沾上冰雪而打滑。

2)起动发动机

在严寒地区而又在露天停放的车辆,由于变速器和后桥等传动系统的润滑油变稠,起步和加速比较困难,除在停放过程中采取防冻保温措施外,必要时可用烘烤的办法,对变速器等进行预热。

起动发动机时,将变速器处于空挡位置,踩下离合器踏板,不踩加速踏板点火,通过起动机带到飞轮旋转,从而使润滑系统工作。点火时间不宜过长,间隔10s以后再次点火,保持3次以上。打着火以后,仍空挡踩离合器踏板,怠速热车,1min以后松开离合器踏板。若维持不住,则继续踩一会离合器踏板,直至怠速转速稳定后,松开离合器,继续怠速热车1~2min,待发动机温度高于50℃以上时再起步。

3)起步

起步时,应换低速挡,缓抬离合器踏板,轻踏加速踏板。起步后,低速行驶1~2km或更长距离,待机件润滑正常、轮胎等温度正常后再加速行驶。

4)路面选择

随着气温的降低,汽车上有些机件的脆性增加,容易断裂。为此,行车中要注意选择平坦路面并保持中速行驶,避免紧急制动,以防机件因剧烈振动导致损坏。

5)速度控制

在严寒地区行车,因无霜期短,路面冰雪不易融化,行车中车轮容易空转和侧滑,制动停车距离较长,因此车速不宜太快,一般应保持20km/h左右,尽量保持匀速直线行驶,避免急紧制动和急剧转向。一般不要超车,会车时要提前减速,保持较大的侧向间距,并随时做好制动和停车准备。

6）弯道与坡道行车

在转弯和弯曲道路上行车，要适当控制车速。转急弯时要提前换入低速挡，不使用制动，不急打方向。

上坡用低速挡，保持均匀车速，途中避免换挡；下坡要用发动机牵阻作用控制车速，跟车距离要比正常增加两倍以上。

3. 行车注意事项

（1）在严寒地区行车，必须携带防滑链、三角木、绳索与小锹镐，以及其他防滑、取暖用具和必要的个人防寒用品。

（2）冰雪路面，阳光反射较强，驾驶人可戴有色眼镜，以保护眼睛，调节视线，防止炫目和损伤眼睛。

（3）中途停车时间较长又不放水时，应间歇性起动发动机，使冷却液保持一定温度；如发生故障短时间不能排除时，应将冷却液放净，防止冻坏发动机和冷却系统机件。

（4）对装有气压式制动装置的车辆，储气筒及管路中的水蒸气，常会遇冷结冰，造成管路阻塞，制动失灵。因此，在行车中要随时注意气压表读数，并在清闲路段轻踏制动踏板，检查制动性能。如发现管路中有结冰现象，应用热水使其融化并排出，保持气路畅通。

（5）由于驾驶室内、外温差大，风窗玻璃易结霜，影响视线，要打开暖风装置，缩小温差。

五、炎热天气驾驶

炎热夏季，车辆会因气温影响出现一连串的高温故障，情况严重时还会由此而引发交通事故，对个人的生命财产造成威胁。因此，必须引起重视，谨慎应对，严加防范。

1. 酷暑天气驾驶特点

夏季酷暑天气的特点是昼长夜短，气温高，雷阵雨较多。在这样的条件下行车，有许多不利因素：

（1）冷却液温度高，容易引起"开锅"，如图3-95所示。

（2）燃料供给系统、液压制动系统等容易产生气阻气象。

（3）胎面温度高、胎压高，易"爆胎"，如图3-96所示。

图3-95 发动机"开锅"

图3-96 车辆"爆胎"造成事故

（4）白天驾驶室温度高，驾驶人易中暑。夜间睡眠不足，容易疲劳，不利于安全行车。

（5）天气变化多端，台风、雷雨多，有时往往使人措手不及而造成交通事故或秩序混乱。

（6）夜间城市街道和公路沿线的城镇、村庄附近的道路两旁，乘凉的人多，儿童追逐玩耍的多,早晚趁凉爽赶路的人多。

(7)沥青路泛油、融化,使行车阻力增大,胎面温度增高,遇雨极易侧滑。

2. 驾驶操作技巧

(1)要根据出行需要,携带水桶、饮用水、毛巾、遮阳镜及防暑药品等以供途中使用。

(2)行驶中要注意防止发动机过热。如果温度过高超过95℃,要选择阴凉处停车降温。要保持冷却液数量,添加时要注意防止冷却液沸腾烫伤手和脸。

(3)燃料系统气阻时,应停车降温,以减轻燃油气阻现象的产生。

(4)发现胎温、胎压过高时,应选择阴凉处停息,让其自然恢复正常。不可采取放气或泼冷水的方法降温、降压,若要泼水,也必须在车胎降温后进行。

(5)早晚行车经过街道、村庄,要减速鸣笛,注意观察行人、乘凉人的动态,谨慎通过;烈日下还要提防行人、自行车为找阴凉而无视交通规则的现象。

(6)行车途中如感到精神疲倦、身体不适,不可硬撑,应选择合适地点停车休息。待消除疲劳、恢复精力后再驾车前行。

(7)遇沥青路面软化时,要特别注意控制车速,遇到情况要及时采取措施,以防发生事故。

六、风沙天气

春季是大风天气普遍常见的季节,特别是北方天气干燥,大风带来的空气沙尘非常严重,导致能见度降低,视线变差,目视距离短,极易引发交通事故。因此,驾驶人必须了解和掌握风沙天气驾驶(图3-97)的操作技巧,保证行车安全。

1. 紧闭门窗,谨慎驾驶

大风中行驶,应该尽量关严车窗,以防沙尘飞进驾驶室,影响驾驶人的呼吸和观察。大风天气时,道路情况也比较复杂。吹起的石块、瞬间的沙尘暴、路面遗留的物体等,都会影响车辆的正常通行。因此,驾驶人要密切注意路面的情况,把握好转向盘,坚持中低速度行驶。

2. 集中精力,注意人畜

大风对行人、骑自行车人、动物牲畜的影响比较明显。大风中,有的行人要么加快脚步狂奔

图3-97 风沙天气驾驶

乱跑,要么被风沙侵入眼中站在路中揉眼,有的骑自行车人会摇晃不定,有的动物牲畜会被吹得惊恐逃窜。遇到这种情况,驾驶人一定要提前减速,多用喇叭提醒,谨慎避让,并随时做好制动停车的准备。在混合交通道路上行车时,更要提防行人、骑自行车人、动物牲畜等突然闯入自己的行车路线。需要提醒的是,沙尘会降低视线,大风会影响喇叭效果,有的时候即使狂按喇叭也可能无济于事。

3. 顺风行驶,减速行驶

车借风势,顺风车跑起来比平时更加轻松,所以制动距离也会因此延长。因此,在跟车行进时,要注意拉大与前车的距离,提前判断,给处理情况留出余量。

4. 逆风行驶,加大节气门

逆风行车,在同样节气门下,车有动力不足的感觉,特别在上坡路段,感觉更为明显。为抵消风力作用,节气门就要适量加大。逆风行驶时,还应注意风向突然改变或道路出现较大弯度,阻力减小而使车辆速度猛然增大,失去控制而发生意外。

5. 路遇侧风,刚柔相济

车在高速行驶的时候,遇到侧风,驾驶人会感到车辆突然跑偏、车身摆动等现象。这时一定要紧握转向盘,既不能抱得太死,也不能任其摆动,要"刚中有柔,柔中带刚"地保证车辆慢速直线行驶,并且缓慢制动,降低车速,减小侧风的影响。

6. 遇转弯时,及时调整

遇到转弯改变行进方向时,车身迎风的方向也在改变,在风力的不同影响下,要及时调整驾驶。车速过快时转弯,车头会不按照驾驶人的意图转弯而继续向前,此时只需松开加速踏板,轻点制动踏板便会使车回到正确的轨道上来。若转向角度过大,可略回一下转向盘,便可消除转向不足的现象。如果汽车甩尾,会有可能偏离轨道撞上路基,这时应向车尾甩出的方向打转向盘,汽车便会回到正确轨道上来。

7. 滑坡落石,注意避让

大风天气在山区公路行驶时,滑坡落石的概率相对增大。在最有可能出现落石的地段,每行驶一段路,都应把头探出车窗,看看山顶有没有将要坠落的石头。在行进途中,前方有滑坡或落石时,应该及时停车;车后有滑坡或落石时,应该加速通过。

8. 跟车勿紧,留意后车

大风天气行驶时,还应避免跟车过紧,尤其是避免长时间跟随在大型货车后面。大风容易造成大型货车,尤其是超载货车失控或上面的货物倾覆,如果距离过近极易发生危险。

大风天气驾驶,驾驶人一般都关闭了车窗,加上风声影响,对车后超车的鸣号声很难听见,这就需要每隔一段时间用后视镜观察一下车后。如果后面有超车,就应及时避让。不过,在风沙天气,自己应尽量少超车,最好不超车,确保安全。

9. 背风停车,防止坠物

风沙特别大时,应将车停靠在道路上风处,车头应背向风沙,防止细微沙粒被发动机吸入汽缸而加速机件磨损。为避免出现高空坠物砸伤车辆的现象,停车时最好远离楼房、枯树或广告牌,如图3-98所示。

图 3-98　车辆被树木砸坏

任务实施

(1) 通过驾驶模拟器进行恶劣天气的驾驶模拟专项训练。

(2) 遇恶劣天气时,在确保安全的情况下,进行实际道路训练。

想一想

(1) 简述雨天的交通特点。

(2) 简述雾天灯光的使用。
(3) 简述冰雪道路驾驶技巧。
(4) 简述严寒天气驾驶的特点。
(5) 简述酷暑天气驾驶的特点。
(6) 简述大风天气驾驶的操作技巧。

任务七　长途驾驶

长途驾驶训练是培养职业驾驶人的必训科目,它具有路况复杂、行驶里程远、驾驶时间长的特点,涵盖了一般道路、城市道路、山区道路、复杂地段等训练科目,能有效地锻炼学员长途驾驶的耐力,提高抗疲劳能力,提升综合驾驶技能,如图3-99所示。所以在长途驾驶训练中,应集中精力,谨慎驾驶,确保行车安全。

一、长途训练前的准备

长途驾驶训练一般安排在高级驾驶阶段的后期进行,时间为5~7天,往返里程约1500 km,单日行驶里程约300 km。因长途驾驶训练要离开校园这个"基地",驾驶训练环境发生了较大的变化,对教学的组织管理、车辆、教练员及学员都提出了更高的要求,所以,在长途驾驶训练前,要围绕"训思想、训作风、训技术"的目标,做好以下几方面的工作。

图3-99　长途驾驶训练

1. 教学的组织管理方面

要科学地制定训练计划,派专人对教练路线进行勘察,并报当地道路交通管理部门批准。要根据长途教练的特点进行专题教育,进一步强化学员的守纪意识,在外做到遵章守纪。要做好后勤保障工作,准备充足的给养物资及医疗药品,确保训练期间物资器材供应不间断。要召开长途驾驶训练动员会,对训练期间的组织管理、训练实施、安全防事故和后勤保障等工作进行全面部署及动员。

2. 车辆方面

车辆在长途运行中,由于连续行驶时间长、距离远、使用强度增大,容易造成机件的疲劳损伤,给行车安全带来很大隐患。所以长途驾驶训练前,要有目的、有重点地对车辆进行一次全面的检查及维护,确保车辆技术状况良好。

3. 教练员方面

应认真学习训练计划,提前备课,对每天的教学情况(如训练科目、换班路段、休息地点、回场时间等)要掌握。积极做好学员的思想工作,坚持正面教育,积极引导。

4. 学员方面

要充分认识长途训练的目的和意义,澄清模糊认识,克服畏难情绪。要把注意点集中到训练上来,而不是"欣赏"沿途的风光,时刻牢记外出是训练而不是旅游。要做到遵守各项规章制度，训练上踏实认真，生活上勤俭节约。每位学员应带齐各种证件及各项生活必需品（适时衣物、洗漱用品、常用药品等）。

操作建议

为了逐步提高学员的适应能力，可以在长途训练前安排几次中长途驾驶训练，单日往返，行驶里程在 200~250 km。

二、实际操作

1. 合理安排教、练时间

长途驾驶训练的路程较长，每位学员连续操作时间可先短后长，逐步进行适应。一般情况下，每位学员每天驾驶以 50~70km 为宜。技能水平好的和差一点的学员应该间隔操作，利于教练员精神状态的调节。训练期间应保证教练员和学员的休息和睡眠时间，决不允许疲劳驾驶，如图3-100所示。

图3-100 严禁疲劳驾驶

2. 坚决杜绝开"快车"

长途驾驶训练中，不少学员自以为操作水平有了很大的提高，处理、判断情况的能力也有了一定的经验，车速慢了不过瘾，滋长起开"快车"的念头。这种思想很危险，应从"安全第一"的角度出发，杜绝开"快车"的思想，加强安全行车的学习，提倡中速行车。确保长途训练任务安全顺利地完成。

3. 节油环保驾驶操作

节油环保驾驶，对降低运输成本、保护环境具有很大意义。作为专业驾驶人，都应该重视节油环保驾驶，通过长途驾驶训练，努力使自己的驾驶操作技能符合既安全又节能环保的要求。

节油环保驾驶操作主要表现在几个方面。

1) 发动机预热

在起动后要对发动机预热后再起步，以发动机转速表恢复到正常怠速时为好。发动机的预热不仅可以大大降低机件的磨损，而且也能大大提高行车的节油及环保，特别是在寒冷的冬季预热尤其重要，教练车早晨发动前必须要提前进行预热。

常温条件下，非增压发动机起动后，保持发动机怠速运转1min再起步，增压发动机怠速运转时间可适当延长，使增压器轴承和旋转机件得到充分的润滑。在冬季温度较低时，保持发动机怠速运转至发动机冷却液温度达到40℃左右再起步。怠速预热期间，驾驶人不要踩加速踏板。

在发动机预热后起步时，先以较低挡位、20~40km/h速度行驶1~2km，使车辆底盘得到充分预热，再以正常车速行驶。在冬季温度较低时，低速行驶的距离应适当延长至3~4km。

2) 轻踩加速踏板缓加油

起步后轻踩加速踏板，平稳加速的方式，对节油环保驾驶操作作用很大。以客车为例，据数据统计显示,25s 内急加速把车速提高到 30km/h,耗油 50~60ml;而在 40~45s 内把车速提高到 30km/h,耗油 35~40ml。两者行驶距离均相等,后者虽时间稍长,相比之下,后者省油 15~20 ml。由此可见,运用加速踏板要"轻踩缓抬",这也是优秀驾驶人积累并公认的节油先进经验之一。

3)预见性驾驶

长途行车时,要选择公路等级高及距离适中的行车路线,并有备用行车路线。当遇到要主动减速或者预见性停车的情况时(如预见前方有障碍物、通过交叉路口、下坡、会车、预定地点靠边停车等),驾驶人要判断车距、车速等,提前松抬加速踏板,依靠发动机对汽车的阻滞力减速滑行,必要时用行车制动器制动增加减速强度。

保持适当的车距,可以使驾驶人有更多的反应时间,车辆更平稳地行驶,是安全、节能驾驶的基本前提。跟车距离一般应大于汽车行驶的速度值。

4)合理运用滑行

适当学一些滑行知识,初步掌握滑行技能对将来从事实际生产很有好处。但滑行车速一定要符合交通法规允许范围内这个前提下进行。在长途驾驶训练过程中,可有意识地加强滑行训练。最常用的滑行有减速滑行和下坡滑行两种方式。

减速滑行又称"以滑代刹"。一般采用带挡滑行,因为电喷发动机都带有自动断油功能,所以带挡滑行比空挡滑行时更为省油,而且更为安全,因此滑行减速必须是带挡滑行。禁止使用空挡滑行和发动机熄火滑行。带挡滑行适用范围一般为预见性的停车、处理情况等。

下坡滑行又称"位能滑行"。在丘陵地带或其他地区的坡度小于 5% 的宽直坡道下坡行驶时,驾驶人应抬起加速踏板,使离合器保持接合状态,发动机不熄火,滑行时速控制在中速(30~40km/h)。变速杆置于合适的挡位(坡度越大,挂挡位越低),根据速度情况使用行车制动器间歇制动以控制车速。下长坡、陡坡要严禁熄火、脱挡滑行。

在训练过程中,不允许使用踩离合器踏板滑行的方法,踩离合器踏板滑行会加剧离合器分离轴承和弹簧的磨损,造成离合器的损伤,而且对驾驶技能的促进和提高没有任何意义。

5)及时换挡

手动换挡以根据发动机运行的经济转速(一般汽油发动机转速为 1500~2200r/min;柴油发动机转速为 1000~1500r/min)选择合适挡位为原则。

(1)在较平缓的道路上尽可能用高速挡行驶。采用"高挡小油门"的方法,使发动机在经济转速区域内运转。

(2)当踩加速踏板车辆加速不明显或发动机的转速高于经济转速区域时,及时选择升挡。

(3)当发动机有反拖感或发动机的转速低于经济转速区域时,迅速选择降挡。

(4)在需要换挡时,动作要快,换挡时机适时,不要等惯性消失后再换。

及时换挡,可以使发动机大部分时间处于中等运转速度下工作,耗油较少。同时在换挡时应提倡快速换挡法,以达节油之目的。

6)合理使用空调

空调的合理使用不仅可以增加旅客乘坐的舒适性,而且可以减少燃油的消耗。使用客车空调时要注意以下几点：

(1)气温适宜,汽车以低于60km/h的速度行驶时,开窗通风或者使用空调的通风功能相对要省油。

(2)当车辆以高于80km/h的速度行驶时,关闭车窗,开启空调并保持车内温度为26℃左右,这样既能满足乘客的舒适性,又能节约燃油。

(3)在发动机运行平稳后,再开启空调。

(4)在上客前10min左右应开启空调,下客后应及时关闭空调。

4.重车操作

长途驾驶多为重车驾驶,重车驾驶就是指车辆装载后的驾驶操作。汽车装载后,大大增加了车辆的质量,车辆各部分的技术性能与空车相比都有所变化。不同的道路状况所采取的驾驶技巧也不相同。因此,在长途驾驶训练应进行载重适应性训练,让学员体会重车驾驶特点、操作方法,重车驾驶操作要领有以下几点。

1)起步

重车起步时,由于重车总质量大于空车,起步时所需的转矩比空车大。为了动力传递平稳,使车辆顺利起步,在操作离合器过程中,半联动点松抬高度要比空车稍高一些,半联动松抬时间(抬起过程)要比空车稍长一些,节气门也应适当加大。

2)换挡(时机)

由低速换入高速挡,加挡前的加速时间和加速距离较空车长,一般应略高于所在挡位的最高速度,不可用急踏加速踏板的方法提速,以免损坏传动及连接部分机件。减挡时机应比空车适当提前,一般应在略高于所减挡位的最高速度时进行减挡,减挡动作要求比空车更迅速、准确、敏捷,以防因动力迅速下降而被迫连续减挡,甚至熄火停车。

3)制动

在普通道路制动时,因行驶惯性比空车大,要适当提前使用制动器,保证制动效果,并注意尽量避免紧急制动。由于重力作用,下坡时惯性较大,应根据坡道长短和大小,提前换入较低挡位,利用发动机制动和制动器互相配合,控制好车速,保持适当车速下坡。使用制动器时间不宜过长,防止制动鼓过热而导致制动器失灵。

4)上坡

通过距离短、视线良好的坡道,可利用车辆的行驶惯性,适当加速冲坡,较长和有弯道的坡道,要根据情况提前换入低速挡上坡。通过陡坡,更应提前减挡,以免坡上被动停车,造成危险。当车辆后轮越过坡顶时,即可松起加速踏板,并换至高挡行驶。

5)停车

停车应选择安全地点,注意路沿的坚实程度,不宜过分临边。停车熄火后,注意挂上低速挡,上坡挂一挡,下坡挂倒挡,拉紧驻车制动器操纵杆。在较陡的坡上停车后,还应在车轮下方垫上三角木或较大石块,防止车辆溜动。

三、结合客运营运知识训练

在长途驾驶训练期间,可以结合道路客运的理论知识,模拟客运营运的场景进行训练(图3-101)。长途驾驶训练后期,可适当组织学员参加生产实践或组织观摩,熟悉营运业务知识。例如,如何办理客运手续;参观或跟车学习长途客运的一些基本环节,给予学员一定的机会,让他们自己去体会和锻炼,为今后参加实际营运打下一定的基础。

四、长途驾驶注意事项

1. 集中精力,谨慎驾驶,提前预防

事故的发生往往都是驾驶人一时疏忽所导致的。因此,长途驾驶要集中精力,仔细观察交通道路状况及标志,提前采取预见性措施。

图3-101　长途驾驶训练

2. 安排好驾驶和休息时间

由于长途驾车很容易因疲劳驾驶造成安全隐患。轮流驾驶车辆,一般初期训练单次驾驶时间不超过1h。

3. 匀速行驶

车辆在行驶过程中要尽量保持匀速行驶,不要超速,更不要一会快、一会慢,这样不仅对其他车辆不利,也对自己车辆的燃油经济性有影响。

4. 不要来回变道

在行驶中切忌穿叉行驶,不要一会儿在超车道,一会在行车道,更不要在行驶道上无预示地紧急减速和停车。

5. 超车要果断、迅速

当你确定要超车时,应当注意后方有无车辆超越,同时注意你的前方超车道上有无妨碍你超车的障碍物。在超车时,一定要果断、迅速,不要犹豫。同时超车过程中不可强行逞能,超越后不可立即回到行车道。

任务实施

(1)针对重车进行起步、制动等专项训练。

(2)结合道路客运的理论知识,模拟客运营运的场景进行训练。

想一想

(1)简述长途驾驶的重要性及特点。

(2)作为学员,长途驾驶训练出车前应做哪些准备?

(3)节油环保驾驶操作有哪些内容?

(4)简述长途驾驶注意事项。

项目四　大客车综合式样驾驶训练

项目描述

客车综合式样驾驶是在规定的场地内,按规定的路线、标线和要求,把各单项驾驶基础操作(起步、转向、换挡、制动、停车、倒车等)进行综合性的运用。式样驾驶的图式及桩位尺寸,是根据汽车的最小转弯半径、车长、车宽、轴距等参数设置的,有极其严格的要求和统一的标准。通过综合式样驾驶训练,提高学员在受限空间内操纵汽车的能力,全面提高驾驶操作技能水平。

项目任务

任务一　倒桩

任务二　坡道定点停车和起步

任务三　侧方停车

任务四　通过单边桥

任务五　曲线行驶

任务六　直角转弯

任务七　通过限宽门

任务八　通过连续障碍

任务九　起伏路行驶

任务十　窄路掉头

任务十一　模拟高速公路驾驶

任务十二　模拟连续急弯山区路驾驶

任务十三　模拟雨(雾)天驾驶

任务十四　模拟湿滑路驾驶

任务十五　模拟隧道驾驶

任务十六　模拟紧急情况处置

项目目标

1. 锻炼目测估计能力,掌握转向时机和要领,提高驾驶技巧;
2. 熟悉汽车外廓运动规律,增强立体空间的判断能力;
3. 熟悉和掌握各场地式样驾驶和模拟驾驶项目的操作步骤和要求,顺利通过考核。

任务一 倒 桩

培养驾驶人正确判断车身空间位置和转向时机、转向速度与车速匹配的能力。

一、场地设置及尺寸

1. 场地设置

场地设置(大型客车:车长≥9m 的大型载客汽车),如图 4-1 所示。

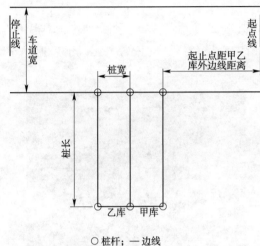

图 4-1 大型客车倒桩

2. 场地尺寸及要求

桩(库)长:取值 2 倍车长,前驱动车加 0.5m。
桩(库)宽:取值车宽加 0.7m。
车道宽:取值车长的 1.5 倍。
起止点距甲乙库外边线距离:取值 1.5 倍车长。

二、操作要求

驾驶车辆从起点倒入乙库停正,再经过二进二退移位到甲库停正,前行穿过乙库至控制线,倒入甲库停正,前行返回起点。

三、操作步骤

在整个操作中,前进时挂一挡,后退时挂倒挡。

第一步:从起点到乙库。

主要操作步骤:挂倒挡起步后退 2m 左右→逐渐向右打满方向→绕中杆倒进乙库→回正方向→直线倒至库底停车。

在起点要看清各桩杆的位置,尤其是前排的桩杆,操作中以观察中杆为主。

(1)车在起点距道路边缘线 3m 左右。车辆后退 2m 左右时,从车内观察:当前中杆即将与车门前立柱重合时(图4-2),逐渐向右打满方向,让车辆绕中杆后退。

观察车右后视镜:当车右侧后部接近前中杆1m左右时,向左回1圈左右的方向继续后退。

观察车左后视镜:当通过左后视镜中看到左后杆时,迅速回正方向。

观察左右两边后视镜:适时微调方向让车身的延长线与两后杆横向距离相等,(哪边横向距离大就往哪边打方向,直到两边等距。)车身与地面标线平行。

记住一点:在倒车的过程中要想车尾往哪边行进就往哪边打方向!

(2)车辆沿直线后退,当车头快要退到左前杆和前中杆的位置时,注意看车的左右后视镜框,有碰擦可能时微调方向即可。

(3)当车向后行进5~6m车尾快接近后杆,驾驶人看右侧最后一个玻璃窗,当后中杆前移至该玻璃窗中心时(图4-3)停车。(即玻璃窗中心黑色压条的位置。在以下后退停车时也看这一参照点。)

图4-2 前中杆即将与车门前立柱重合　　图4-3 后中杆与尾窗中心重合位置

第二步:一进。

(1)挂一挡,起步向右打方向,尽量打满。

注意

　　起步后,先向右打1圈方向,稍微停一下,当驾驶人位置越过本库中心时,再把方向向右打满,防止后悬外移,车尾出左边线。

(2)当车前风窗玻璃左侧立柱和地面中心边线快重合时,迅速向左把方向打满。

(3)当车头接近前中杆时迅速向右回方向,尽量多回。

(4)车头离中杆20cm时停车。

第三步:一退。

(1)挂倒挡起步,迅速向右打满方向后退。

(2)当左前杆正对转向盘中心时,迅速回正方向,继续后退。

(3)观察左后视镜当左后轮前面一个车身示廓灯(黄色小灯)与地面中心标线重合时(图4-4),方向迅速向左打满。车身与地面标线接近平行时迅速回正方向。

(4)离后中杆20cm左右停车。

第四步:二进。

(1)挂一挡,起步后,向右微打方向。
(2)当右前杆接近车头中心时,向左回方向,比向右打方向时要多回些。
(3)当左柱对前中杆时向右回方向。
(4)离前中杆20cm左右停车。

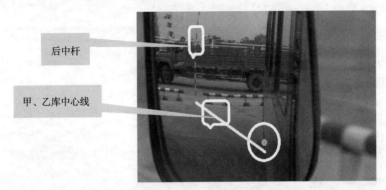

图4-4 车身示廓灯与地面中心标线重合

第五步:二退。
(1)挂倒挡,起步后,观察左右后视镜利用第一次进库的方法,适时调整方向让车身与两后杆横向距离等宽,与地面标线平行。后退。
(2)利用第一次进库的参照点停车。

第六步:斜穿出库到左起点
(1)挂一挡起步,向左打1圈方向。
(2)当左侧与左前杆相距约25cm时,方向回正出库。
(3)出库时,注意看左右后视镜框修正方向,避免碰擦桩杆。
(4)当车身大部分出库后,观察前中杆,当前中杆与车身右侧最后一个玻璃窗中心(即停车参照点)重合时,迅速向左打满方向。
(5)车身与路边线即将平行时向右回方向。
(6)方向回正后,前进到左停车点停车。

第七步:从左停车点倒入甲库。
(1)挂倒挡,后退。当左前杆从驾驶室边窗后立柱出现时,迅速向左打满方向。

注意
驾驶人身体要略微前倾。

(2)观察车左后视镜:当车左侧后部接近前中杆1m左右时,向右回1圈左右的方向继续后退。
观察车右后视镜,当通过右后视镜中看到右后杆时,迅速回正方向。
左右观察两边后视镜:适时微调方向让车身的延长线与两后杆横向距离相等,(哪边横向距离大就往哪边打方向,直到两边等距。)车身与地面标线平行。这与倒入乙库的方法类似。
(3)车辆沿直线后退,当车头快要退到前中杆和前右杆的位置时,注意看车的左右后视镜框,有碰擦可能时微调方向即可。

· 127 ·

（4）当车头进库即可停车。

第八步：回到起点。

（1）挂一挡起步，前行出甲库。

（2）当车身大部分出库后，观察右前杆，当右前杆与车身右侧最后一个玻璃窗中心（也就是停车参照点）重合时，迅速向右打满方向。

（3）车身与路边线即将平行时回方向。

（4）回正方向，在起始位置停车。

四、专项评判标准

（1）不按规定路线、顺序行驶，不合格。

（2）碰擦桩杆，不合格。

（3）车身出线，不合格。

（4）倒库或移库不入的，不合格。

（5）中途停车或运行时间超过规定时间的，不合格。

任务二　坡道定点停车和起步

培养驾驶人掌握上坡路定点停车和坡道起步的方法，准确判断车辆的停车位置，正确配合使用驻车制动器、挡位、离合器和加速踏板，以适应在上坡路段固定地点停车和等候放行时的操作需要。

一、场地设置及尺寸

1. 场地设置

场地设置如图4-5所示。

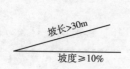

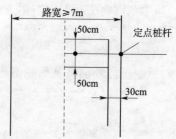

图4-5　坡道定点停车和起步

2. 场地尺寸及要求

坡度:取值≥10%。

坡长:取值(含竖曲线全长),大型车>30m。

路宽:取值≥7m。

竖曲线半径:取值大于30m。

上坡起步坡道坡度路段上端处设起点标线,起点标线为单停车线实线。

二、操作步骤

1. 坡道定点停车

(1)在进入上坡道前,开启右转向灯,向右转动转向盘靠道路右侧行驶。

(2)观察右前角下视镜,在车辆接近右侧边缘线时,向左小幅修方向,再迅速向右回正,使车右侧与路右侧边缘保持平行,并距离边线30cm内。

(3)观察下视镜当车头保险杠与停止线重合时,踏下离合器踏板、制动踏板停车,随即拉紧驻车制动器操纵杆、挂空挡、关转向灯。

2. 坡道起步

(1)开启左转向灯,踏下离合器踏板,挂起步挡,按喇叭。

(2)抬离合器踏板至半联动(发动机声音有变化),踩加速踏板提高发动机转速至1000~1200r/min时,放松驻车制动器操纵杆,同时缓抬离合器踏板,待车轮完全转动后,逐渐松开离合器踏板使车辆平稳起步驶离坡道。

三、操作要求

通过视觉和感觉及时判断坡道的坡度大小,长短及路宽等道路情况,采取正确的操作方法,控制车辆准确停车和平稳起步。做到转向正确,换挡迅速,操纵加速踏板、驻车制动器和离合器踏板的动作准确协调。

四、专项评判标准

(1)车辆停止后,前保险杠未定于桩杆线上,且前后超出50cm,不合格。

(2)起步时间超过规定时间(30s)的,不合格。

(3)车辆停止后,前保险杠未定于桩杆线上,且前后不超出50cm,扣10分。

(4)车辆停止后,车身距离路边缘线30cm以上的,扣10分。

任务三 侧方停车

培养驾驶人准确判断车身空间位置,正确掌握转向时机、角度,将车辆一次性正确停入道路右侧车位(库)中的能力。

一、场地设置及尺寸

1. 场地设置

场地设置如图4-6所示。

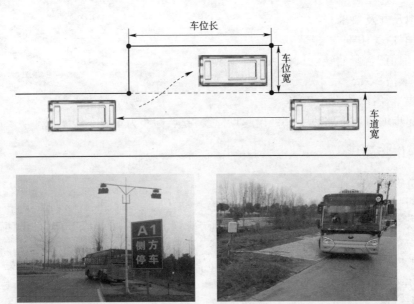

图 4-6 侧方停车

2.场地尺寸及要求

车位长:大型客车为 1.5 倍车长减 1m。
车位宽:车宽加 0.8m。
车道宽:1.5 倍车宽加 0.8m。

二、操作要求

驾驶车辆在车轮不轧碰车道线、车身不出库位边线的情况下,通过一进一退的方式将车辆停入右侧车位中。

三、操作步骤

(1)挂一挡起步,让车身距右侧路边线约 40cm(可以观察右后视镜)前行。当从右后视镜观察车辆越过库前端线时停车。

(2)倒车入库。

①挂倒挡起步,当从右后视镜观察车中部某位置与库左前角重合时,向右打满方向(注意方向速度、车速与方向时机的匹配)。

②观看左后视镜,当左车尾角进入库位约 1/2 时迅速向左回正方向沿直线后退。

③在左后视镜里看到车左后轮将压库左边线时(或可通过左侧车厢确定点位)迅速向左打满方向(若左侧距离小,通过向右回方向进行调整)。

(3)停车。在左后视镜里看到车身将正时迅速向右回正方向,停车。

(4)驶出车位。

①开左转向灯,挂一挡起步,向左打满方向前行,当左前角距左侧路边线 2m 左右时(根据身高确定距离),向右回方向。

②当左前角遮住左侧路边线时,向右调整方向使车身与路边平行。

③驶出车位后让车平行于路边线前行,到指定位置停车。

四、专项评判标准

(1)车辆入库停止后,车身出线,不合格。
(2)中途停车的,不合格。
(3)行驶中轮胎触轧车道边线,扣10分。

任务四　通过单边桥

培养驾驶人准确判断车身空间位置和转向时机、角度及各车轮直线行驶轨迹的能力,并能掌握车辆不平衡的运行技术。

一、场地设置及尺寸

1. 场地设置

场地设置如图4-7所示。

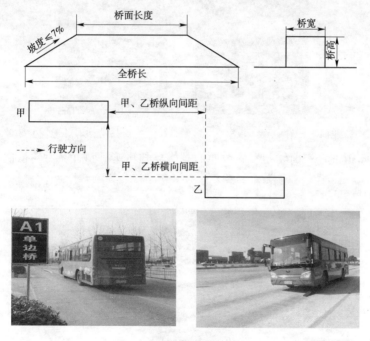

图4-7　通过单边桥

2. 场地尺寸及要求

桥面长度:1.5倍车辆轴距。
桥面宽度:0.2m。
桥面高度:0.07~0.12m。
左右桥间距:2.5倍车辆轴距。
左右桥错位间距:车辆轮距加1m。

桥面斜坡长:0.5~1.7m。
桥面直角适度倒角。

二、操作要求

驾驶车辆按规定的行驶方向,正确操纵转向,将车辆的左、右侧前后车轮依次平稳、顺畅地驶过左、右两桥。

三、操作步骤

(1)先目测左、右车轮与桥面的位置,寻找规律。确定车轮直线通过桥面的行驶轨迹。

选用低速挡行驶,将转向盘的中心位于左单边桥的右侧(图4-8),车身平行于桥体前行,把握好左前轮与左侧桥面的直线行驶轨迹,平稳通过左单边桥。

(2)当左后轮驶离桥面时,迅速将转向盘向右转动1圈,当转向盘的中心到达右单边桥的右侧时(图4-9)向左打2圈方向,当右侧桥面到达车头左侧1/3时(图4-10)迅速回正方向,使车身保持与右单边桥平行前行。

图4-8　目测1　　　　　　　图4-9　目测2

(3)上桥前,把握好左前轮与右侧桥面的直线行驶轨迹,使右前、后轮依次平稳通过右单边桥。

图4-10　目测3

四、专项评判标准

(1)中途停车的,不合格。
(2)其中有一车轮未上桥,每次扣10分。
(3)已驶上桥面,在行驶中出现一个车轮掉下桥面,每次扣10分。

任务五　曲线行驶

培养驾驶人正确操纵转向,准确判断车辆内、外轮差,控制车辆曲线行驶的能力。

一、场地设置及尺寸

1. 场地设置

场地设置如图4-11所示。

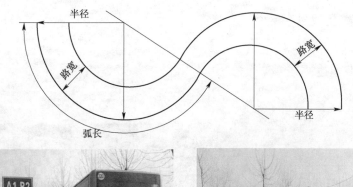

图4-11　曲线行驶

2. 场地尺寸及要求

半径:大型客车取值12m。

路宽:大型客车取值4m。

弧长:3/8个圆周。

二、操作要求

驾驶车辆以低挡低速从弯道的一端前进驶入,从另一端驶出。行驶中不得压轧弯道边缘线、转向自如。

三、操作步骤

(1)进行左、右车轮与弯道边缘位置的目测,寻找规律。确定车轮通过弯道时,车轮沿切线行驶的轨迹。注意前后轮内外轮差的变化。

(2)使用低速挡行驶,车辆进入曲线路段,通过右下视镜观察并适时调整转向盘,使右前轮外侧始终沿弯道边缘线内行驶。第一弯结束时,迅速回正方向。

(3)进入下一弯道时,适时调整转向盘,使左前轮外侧始终沿弯道边缘线内行驶。

四、专项评判标准

(1)中途停车的,不合格。
(2)车轮轧道路边缘线,不合格。

任务六 直角转弯

培养驾驶人驾驶车辆在直角弯路段正确操纵转向,准确判断车辆内、外轮差的能力。

一、场地设置及尺寸

1. 场地设置

场地设置如图 4-12 所示。

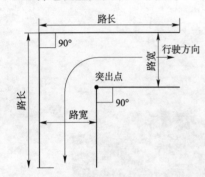

图 4-12 直角转弯

2. 场地尺寸及要求

路长:大于或等于1.5倍车长。
路宽:小型汽车为轴距加1m,牵引车前轴距加4m,其他车辆为轴距加0.5m。

二、操作要求

驾驶车辆按规定的线路低速,由左向右或者由右向左直角转弯,一次通过,中途不得停车。

三、操作步骤

以左转弯为例。

第一步:紧贴右边线对准入口

进入口前,开左转向灯,挂一挡前行,目视前方,通过车头左侧1/3~1/2区间看到右侧地面标线向前行驶(横距40cm左右)。

第二步:向左打满方向

当驾驶人与内直角边平齐时,立即向左打满方向。

第三步:向右回方向

(1)通过突出点时可通过左后视镜察看左后轮是否会压轧突出点,如图4-13所示。如果要压轧突出点,可迅速向右回方向稍作调整。

图 4-13　通过左后视镜察看

(2)当左后轮驶过突出点,车身即将平行于边线时,向右回方向。

第四步:回正方向驶出

向右回正方向驶出即可。

四、专项评判标准

(1)中途停车的,不合格。
(2)车轮轧道路边缘线,不合格。

任务七　通过限宽门

培养驾驶人正确判断车身空间位置和转向时机、角度的能力。

一、场地设置及尺寸

1. 场地设置

场地设置如图 4-14 所示。

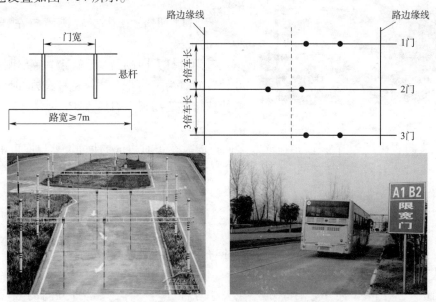

图 4-14　限宽门

2. 场地尺寸及要求

路宽：取值大于或等于7m。

限宽门宽：取值车宽加0.7m。

限宽门前后间距：取值3倍车长。

二、操作要求

驾驶车辆以不低于10km/h的速度，从三门之间穿越，不得碰擦悬杆。

三、操作步骤

限速通过限宽门：此项目以看左后视镜边框与左标杆的横向距离为主，适当兼顾右后视镜右边框与右标杆的横向距离即可。

汽油车用2挡或2挡以上的挡位，柴油车用1挡或1挡以上的挡位。

1. 从左向右穿越限宽门（中门在右侧）

过门次序：1门→2门→3门，如图4-15所示。

> **注意**
> 打方向的时机要视车和桩门的相对位置来决定。过门时打方向的速度和车速有关，车速快打得快，车速慢打得慢。

图4-15 通过限宽门

1) 过1门

（1）挂挡，车速保持10km/h以上，离第1门较远时，让车头正对桩门，直行，注意看左后视镜左边框。

（2）过门时注意让左后视镜与左杆保持约20cm的距离。

过门时打方向的技巧：车身中后部刚过1门，开始转向。为了防止车尾碰桩杆，转向时先慢然后再快速打并要扫视左右后视镜。

2) 过2门

将车头向右稍过2门左杆，迅速向左多回方向。车正时再向右回正，车身即可平行于道路过门。也可向右转，再向左回，稍微斜着过门，过门后再向左打方向，稍微斜着对准第3门。

3) 过3门

将车头向左稍过3门左杆，迅速向右多回方向，车正时再向左回正，车身可平行于道路过门。也可向左转，稍微斜着过门，过门后再向右稍打方向调整车身。

2. 从右向左穿越限宽门（中门在左侧）

过门次序：3门→2门→1门。方法与从左向右过门一样，只是打方向的顺序和上面相反。

四、专项评判标准

(1) 不按规定路线、顺序行驶,不合格。
(2) 碰擦一次限宽门标杆的,不合格。
(3) 中途停车的,不合格。
(4) 车辆行驶速度低于 10 km/h 的,扣 10 分。

任务八　通过连续障碍

培养驾驶人正确操纵转向,准确判断各车轮行驶轨迹和内轮差位置的能力。

一、场地设置及尺寸

1. 场地设置

场地设置如图 4-16 所示。

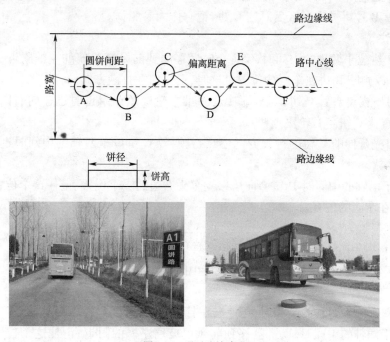

图 4-16　通过连续障碍

2. 场地尺寸及要求

路宽:取值 7m。
圆饼直径:取值 0.7m,B、C、D、E 圆饼中心点偏离路中心线距离取值 1m。
饼高:取值 0.1m。
圆饼间距:指相邻两块圆饼中心点投影在路中心线上之间的距离;大型客车、城市公交车、大型货车圆饼间距为 2 倍车辆最前轮轴至最后轮轴距,牵引车圆饼间距为 1.5 倍轴距(轴距是牵引车前轴至挂车最后轴的轴距),其他汽车圆饼间距为 2.5 倍的车辆轴距。

圆饼数量:牵引车只设 A、B、C 三个圆饼,其他车辆设置六个圆饼。

二、操作要求

驾驶车辆用二挡(含)以上挡位,将车骑于圆饼之上通过,车轮不得碰、擦、轧圆饼,并且不得超、压两侧路边缘线。

三、操作步骤

挂一挡起步。

1. 过 A、B 饼

过饼的关键是:让饼位于左右两侧车轮的两个参照点之间,也可以以左边的参照点判断左右两侧车轮是否骑于圆饼之上。

(1)进入圆饼路前,让车辆的左轮参照点对准 A 饼和 B 饼切线左侧约 5cm 处,骑着两个圆饼。这样做可以让左轮到达 B 饼时靠圆饼更近些,以有利于左拐弯。

(2)从远处直接对准 AB 号饼前行。

(3)当 A、B 号饼进入盲区后盯住 C 饼,把它作为参照物。

2. 过 C 饼

(1)当 B 饼位于两轴的中间时,C 饼会向后移动到前风窗玻璃的左框附近,记住这个位置,用它就可以判断 B 饼在车底的位置。这时,迅速向左打满方向。

(2)通过下视镜观看 C 饼,等 C 饼中心对准左轮参照点附近时迅速向右回正方向。回方向时要注意让 C 饼离右轮更近些。

(3)沿目光延伸的 C 饼的行驶方向继续行驶,等 C 饼位于两轴的中间时迅速向右打满方向,盯着 D 饼。

C 饼位于两轴的中间时 D 饼会向后移到车头右边的一个位置,记住这个位置,用它就可以判断 C 饼在车底的位置。

3. 过 D 饼

(1)等 D 饼的中心向左移到右轮参照点时,迅速向左回方向约 2 圈。

(2)回正方向后让 D 饼位于两轮参照点中间时,用目光延长行驶方向继续行驶。回方向时注意让 D 饼离左轮更近些。

(3)等 D 饼位于两轴的中间时,迅速向左打满方向。

D 饼位于两轴的中间时,E 饼会移到前风窗玻璃左框的附近,记住这个位置,用它就可以判断 D 饼在车底的位置。

4. 过 E 饼

过 E 饼与 C 饼方法类似,但略有区别:当 E 饼位于两轴的中间时,C 饼所处的位置与 E 饼有些不同。

5. 过 F 饼

过 F 饼与 D 饼方法类似。

当 E 饼位于两轴的中间时,向右打满方向,这时候 F 饼已经进入盲区。所以在 F 饼进入盲区前,也就是向右打满方向前必须提前目测骑 F 饼行驶方向,目测 4m 以上的距离以便进入盲区后向左回正方向后能准确骑上 F 饼。

进入盲区后按目测的行驶方向向左回正方向,沿此方向直行 4m 以上即可通过 F 饼。最后向左打方向,使车身与路边线平行,到指定点按停车要求停车即可。

四、专项评判标准

(1) 不按规定路线、顺序行驶的,不合格。
(2) 中途停车的,不合格。
(3) 车轮轧道路边缘线的,不合格。
(4) 轧、碰、擦一个圆饼的,扣 10 分。

任务九　起伏路行驶

掌握起伏路的驾驶要领和对路面进行正确判断的能力,并使制动器、离合器、挡位"三者配合"适当。

一、场地设置及尺寸

1. 场地设置

场地设置如图 4-17 所示。

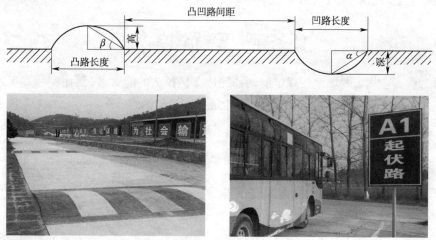

图 4-17　起伏路行驶

2. 场地尺寸及要求

凹凸路引道及间距长度:大于车辆的 1.5 倍轴距。
凹路深及凸路高:取值 0.06~0.12m。
路宽:各类汽车道均取值大于或等于 3.5m。
凹路及凸路长度:车轮直径加 0.6m。

二、操作要求

驾驶车辆行驶至起伏路面前 20m 内制动减速,使用低速挡平稳安全地通过起伏路段。

通过凹凸路时,将挡位减至低速挡,控制好车速,平稳地一次性通过起伏路。

三、操作步骤

1. 通过凹路面

(1)当车前轮接触到凹路边时,抬起加速踏板,使用离合器半联动控制车速,使前轮缓慢驶入凹路底部。

(2)车前轮驶至凹路底部后,缓慢松抬离合器踏板,适量踏下加速踏板,使车轮驶出凹路。

(3)车后轮通过时,可采用前轮通过的方法进行操作。

2. 通过凸路面

(1)当车前轮接触到凸路边时,适量踏下加速踏板,使车前轮缓慢驶向凸路顶部。

(2)车前轮驶至凸路顶部后,抬起加速踏板,使用离合器半联动控制车速,使前轮缓慢驶下凸路。

(3)车后轮通过时,可采用前轮通过的方法进行操作。

四、专项评判标准

(1)通过起伏路面时,车速控制不当,车辆严重跳跃,不合格。

(2)中途停车的,不合格。

(3)通过起伏路前不减速,扣 10 分。

任务十　窄路掉头

培养驾驶人在规定的场地按规定的动作完成车辆掉头的能力,以便在实际驾车过程中遇到不能一次顺车掉头的地段或在狭窄的公路上能够完成车辆的掉头。

一、场地设置及尺寸

1. 场地设置

场地设置如图 4-18 所示。

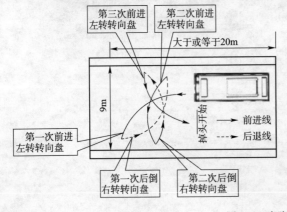

图 4-18　窄路掉头

2. 场地尺寸及要求

窄路掉头路段直线长度取值大于或等于 20m，路段宽度取值为 9m。

二、操作要求

驾驶车辆通过"三进两退"在窄路上完成掉头，中途不能熄火。

三、操作步骤

1. 一进

（1）挂一挡，半联动，开左转向灯，让车贴近路边行驶，确认前后安全后迅速向左打满方向。

（2）左前轮距路边约 1m 时迅速向右回方向，尽量多回些。

（3）当左前轮贴近路边时停车。记住这时候在车内看路边线和左窗底边相交位置。以后看点停车。

2. 一退

（1）挂倒挡，半联动，起步后迅速向右打满方向。

（2）右后轮距路边约 1m 时迅速向左回方向，尽量多回些。

（3）右后轮贴近路边时停车。记住这时候看右后视镜记住路边线与车尾相交的位置。以后到点停车。

3. 二进

（1）挂一挡，半联动，开左转向灯，确认道路左右安全后，迅速向左打满方向，右前轮距路边线约 1m 时迅速向右回方向。

（2）右前轮贴近路边时停车。记住这时候在车内看路边线和右门或窗底边相交的位置。以后到点停车。

4. 二退

（1）挂倒挡，半联动，起步后迅速向右打满方向，左后轮距路边线约 1m 时迅速向左回方向。

（2）左后轮贴近路边线时停车。这时候看左后视镜内左后轮已经贴上路边线。

5. 三进

（1）挂一挡，半联动，起步后迅速向左适当打方向。

（2）回正方向驶离掉头区域即完成掉头，最后关闭左转向灯。

四、专项评判标准

（1）三进两退未完成掉头的，不合格。

（2）车轮轧路边缘线的，不合格。

（3）中途停车或运行时间超过规定时间的，不合格。

任务十一　模拟高速公路驾驶

高速公路是全封闭、多车道、具有中央分隔带、立体交叉、集中管理、控制出入、限制上路车种、安全服务设施配套齐全、专供机动车高速行驶的公路。培养驾驶人在高速公路正确操纵车辆、安全通行的实际驾驶能力。

一、场地设置及尺寸

1. 场地设置

场地设置如图4-19所示。

图4-19 模拟高速公路

2. 场地尺寸及要求

模拟高速公路路面工程及设施应符合《高速公路交通工程及沿线设施设计通用规范》（JTG D80—2006）要求，路段长度大于或等于400m，至少设置同向两个车道，有条件可设应急停车带，同时设置入口和出口匝道。

二、操作要求

驾驶车辆按照模拟要求，在高速公路安全驶入与驶出高速公路、合理选择行驶车道、遵守标志标线规定以及应急停车、驶离。

车辆行驶至入口匝道后，开启左转向灯，向左侧回头观察来车情况，确认安全后，加速驶入行车道至最低限速后正常行驶，关闭转向灯。需要变更车道时，应当开启准备驶入车道一侧的转向灯，观察来车情况，确认安全后变更车道。驶出高速公路时，按照出口预告标志提前调整车速和车道。

三、操作方法

（1）驾驶车辆在收费站，停车取卡。

（2）行驶到入口匝道后，开启左转向灯，向左侧回头观察来车情况。确认安全后，将车速提高到60km/h以上后驶入主车道，关闭转向灯。

（3）在主车道行驶要合理选择行驶车道和车速，变更车道时，开启准备驶入车道一侧的转向灯，观察来车情况，确认安全后变更车道，超越车辆时的速度不低于60km/h。

（4）遇有紧急情况处置提示时，按要求操作。

（5）驶出高速公路时，按照出口预告标志要求提前调整车速和行驶车道，合理驶离高速公路。

四、专项评判标准

(1)行驶中占用两条车道、应急车道或大型车辆前后100m均无其他车辆仍不靠右侧车道行驶的,不合格。
(2)变道未开启转向灯或未观察后面情况的,不合格。
(3)驶入高速公路时,未提速至规定车速的,不合格。
(4)驶出高速公路时,未按照出口预告标志提前调整车速和车道的,不合格。

任务十二 模拟连续急弯山区路驾驶

培养驾驶人在通过连续急弯山区路且视线不良时的实际驾驶通过能力。

一、场地设置及尺寸

模拟连续急弯山区路至少由两个以上不同方向的弯道组成,根据实际情况,可选择S形、U形等不同类型弯道组合设计,纵坡3%~5%、弯道超高和加宽,规范设置限速标志和警告标志,道路直线段设置中心黄色单虚线,弯道段设置中心黄色单实线。

1. 场地设置

场地设置如图4-20所示。

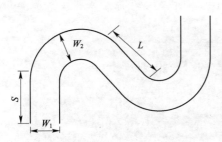 

图4-20 模拟连续急弯山区路

2. 场地尺寸及要求

S:引道长度,取值大于或等于50m。
W_1:直线路宽,取值7m。
L:弯道间距,取值0~30m。
W_2:弯道宽,取值9~10m。
弯道外缘半径:取值40~60m。
弯道外缘弧长:取值大于或等于1/3圆周。

二、操作要求

驾驶车辆在模拟连续急弯山区路段,按照模拟要求,安全通过连续左右急弯道。通过弯道时,要尽量靠右行驶,不要占对方道路。上坡时要提前减挡。下坡时要合理利用发动机制动。合理使用喇叭。

三、操作方法

(1)驾驶车辆行驶至弯道前减速靠右行驶,鸣喇叭驶入弯道。
(2)在弯道行驶中,转向、速度平稳,不得占用对方车道。
(3)驶出弯道前,调整至所需挡位,加速驶出弯道。
(4)在未划道路中心实线的道路,右转弯前可适度靠中,行驶至弯道时靠右进入弯道。

四、专项评判标准

(1)进入弯道前未减速至通过弯道所需的速度的,不合格。
(2)弯道内占用对方车道的,不合格。
(3)转弯过程中方向控制不稳,车轮轧弯道中心线或道路边缘线的,不合格。
(4)进入弯道前未鸣喇叭的,扣10分。

任务十三 模拟雨(雾)天驾驶

培养驾驶人在雨(雾)天行驶时正确使用刮水器及灯光的实际驾驶能力。

一、场地设置及要求

模拟雨(雾)天气应能达到中雨(雾)效果,如图4-21所示。

图4-21 模拟雨(雾)天驾驶

二、操作要求

驾驶车辆安全平稳地通过雨(雾)路段。合理地使用刮水器和灯光。

三、操作步骤

(1)车辆在驶入模拟雨天路段前,减速行驶,按照风窗玻璃上雨淋大小及时适度开启刮水器。进入后,使用低速挡匀速行驶,并视雨淋量选择刮水器挡位,平稳控制车辆行驶方向通过。
(2)车辆通过模拟雾天路段时,要开启雾灯、示廓灯、前照灯(近光)、危险报警闪光灯。

四、专项评判标准

(1)雨天未开启或正确使用刮水器的,不合格。

(2)雾天未开启雾灯、示廓灯、前照灯、危险报警闪光灯的,不合格。

任务十四　模拟湿滑路驾驶

培养驾驶人在湿滑路行驶时,为防止车辆侧滑而合理使用制动、转向的实际驾驶能力。

一、场地设置及尺寸

1. 场地设置

场地设置如图4-22所示。

图4-22　模拟湿滑路驾驶

2. 场地尺寸及要求

模拟湿滑路面附着系数不大于0.3,长度大于或等于30m,宽度大于或等于4m。湿滑路面外侧应设置对车辆无损的安全防护设施。

二、操作要求

驾驶车辆选用适当挡位匀速一次性缓慢通过湿滑路面。

三、操作方法

在进入湿滑路面前,应降低车速。进入后,使用低速挡匀速行驶。车辆行驶过程中要保持一定的安全距离,控制好车辆行驶方向,避免使用紧急制动。

四、专项评判标准

(1)未能使用低速挡平稳通过的,不合格。
(2)进入湿滑路前,未减速的,不合格。
(3)通过时急加速、急制动的,不合格。

任务十五　模拟隧道驾驶

培养驾驶人驾驶车辆通过隧道时,适应环境光线急剧变化的实际驾驶能力。

一、场地设置及尺寸

1. 场地设置

场地设置如图 4-23 所示。

图 4-23　模拟隧道驾驶

2. 场地尺寸及要求

考试用模拟隧道为行车道侧向及上方遮光设施。模拟隧道内无照明,其最暗处白天照度值小于 50lx。

模拟隧道直线行车道长度取值大于或等于 100m,模拟隧道通常可布置为弯道,行车道长度取值大于或等于 60m;模拟隧道内净空取值符合要求。

在模拟隧道入口和出口,应当设置前照灯使用标志,标志设置符合 GB 5768.2 的要求。

二、操作要求

驾驶车辆行驶至隧道前观察隧道处道路交通标志,按标志要求操作。驶抵隧道时先减速,开启前照灯、鸣喇叭;驶抵隧道出口时,鸣喇叭,关闭前照灯。禁止鸣喇叭的区域不得鸣喇叭。

三、操作方法

行至隧道入口前 50m 左右,开启前照灯、示廓灯、尾灯,及时察看车速表,按照隧道口限速标志上规定的速度调整车速。

进入隧道后,将视线注视点移到隧道远处,注意保持安全行车间距。严禁在隧道内变更车道、超车和随意停车。

驶出隧道前,要握稳转向盘,以防隧道出口处的横风侵袭而引起车辆偏离行驶路线。驶出隧道后,关闭前照灯、示廓灯、尾灯。

四、专项评判标准

(1)驶抵隧道时未减速或未开启前照灯的,不合格。

(2)驶入隧道后不按规定车道行驶、变道的,不合格。

(3)驶抵隧道入(出)口时未鸣喇叭的,扣 10 分。

(4)驶出隧道后未关闭前照灯的,扣 10 分。

任务十六 模拟紧急情况处置

培养驾驶人在行车中对常见突发事件安全处置的实际驾驶能力。

一、场地设置及尺寸

模拟紧急情况处置项目考试结合其他场地考试项目进行,如图4-24所示。

图4-24 模拟紧急情况处置

二、操作要求

驾驶车辆遇紧急情况避险时,要沉着冷静,坚持先避人后避物的处理原则。在高速公路遇紧急情况避险时,要坚持制动减速,不急转向的原则。

三、操作方法

前方突然出现障碍物,应当立即制动,迅速停车,停车后开启危险报警闪光灯;高速公路行驶遇爆胎等车辆故障时,合理减速,观察后方跟车情况,将车平稳停于应急车道,开启危险报警闪光灯,发出乘员撤离至护栏外的提示,正确摆放警告标志,驾驶人本人撤离至护栏外侧,模拟报警。

四、专项评判标准

(1)前方突然出现障碍物按下列规定评判:
①未及时制动的,不合格。
②停车后未开启危险报警闪光灯的,不合格。
(2)高速公路车辆故障按下列规定评判:
①未及时平稳靠边停车的,不合格。
②停车后未开启危险报警闪光灯的,不合格。
③未及时提示乘员疏散的,不合格。
④未正确摆放警告标志或未报警的,不合格。
⑤本人未撤离至护栏外侧的,不合格。

知识链接

科目二考试通用评判标准

一、不合格情形
考试时出现下列情形之一的,评判为不合格:

(1)不按规定使用安全带或者戴安全头盔的。

(2)遮挡、关闭车内音视频监控设备的。

(3)不按考试员指令驾驶的。

(4)不能正确使用灯光、刮水器等车辆常用操纵件的。

(5)起步时车辆后溜距离大于30cm的。

(6)驾驶汽车双手同时离开转向盘的。

(7)所挂挡位与车速长时间不匹配,造成车辆发动机转速过高或过低的。

(8)车辆在行驶中低头看挡或连续2次挂挡不进的。

(9)行驶中空挡滑行的。

(10)视线离开行驶方向超过2s的。

(11)违反交通安全法律、法规,影响交通安全的。

(12)不按交通信号灯、标志、标线或者民警指挥信号行驶的。

(13)不按规定速度行驶的。

(14)车辆行驶中骑轧车道中心实线或者车道边缘实线的。

(15)长时间骑轧车道分界线行驶的。

(16)对可能出现危险的情形未采取减速、鸣喇叭等安全措施的。

(17)因观察、判断或者操作不当出现危险情况的。

(18)行驶中不能保持安全距离和安全车速的。

(19)行驶中身体任何部位伸出车外的。

(20)制动踏板、加速踏板使用错误的。

(21)驾驶摩托车时手离开转向把的。

(22)二轮摩托车在行驶中左右摇摆或者脚触地的。

(23)摩托车制动时不同时使用前、后制动器的。

(24)考生未按照预约考试时间参加考试的。

二、扣10分情形

考试时出现下列情形之一的扣10分:

(1)驾驶姿势不正确的。

(2)起步时车辆后溜距离小于30cm的。

(3)操纵转向盘手法不合理的。

(4)起步或行驶中挂错挡,不能及时纠正的。

(5)起步、转向、变更车道、超车、停车前不使用或错误使用转向灯的。

(6)起步、转向、变更车道、超车、停车前,开转向灯少于3s即转向的。

(7)转弯时,转、回方向过早、过晚,或者转向角度过大、过小的。

(8)换挡时发生齿轮撞击的。

(9)遇情况时不会合理使用离合器半联动控制车速的。

(10)因操作不当造成发动机熄火一次的。

(11)制动不平顺的。

项目五　大客车模拟运营训练

项目描述

在掌握客车驾驶技术的同时,还须了解和掌握客车运营的基本环节,为将来的实际营运工作提供帮助,因此模拟运营训练十分重要。本项目分别从客运驾驶的要求、工作规范和道路客运的基本环节两个任务进行讲述。

项目任务

任务一　客运驾驶人的素质要求及工作规范
任务二　道路客运基本环节

项目目标

1. 了解客运驾驶人的基本要求及工作规范;
2. 掌握道路客运的基本环节;
3. 掌握客运驾驶人基本服务用语。

任务一　客运驾驶人的素质要求及工作规范

道路客运驾驶人(图5-1)是一种为人民群众提供运输服务的职业岗位,劳动强度大,道路交通环境复杂。其从业行为规范与否,直接关系到旅客的生命财产安全。因此,道路客运驾驶人承担着更大的社会责任,对其专业知识、驾驶技能和服务能力等方面有着更高的要求。

一、客运驾驶人应具备的基本素质

"素质高、形象好、技术精"是对优秀客运驾驶人的要求,其中素质的高低放在了首位,客运驾驶人基本素质的重要性不言而喻。客运驾驶人应具备的基本素质包括:政治素质、心理素质、体能素质、技能素质和较强的纪律观念、集体观念。

图5-1　客运驾驶人及乘务员

1. 政治素质

客运驾驶人应具有爱国爱党、敬业爱岗、忠诚于企业的政治素质。驾驶人单独作业、接触面广、流动性大的特点决定了其工作性质和环境,面对不同地区、不同层次、不同类型的乘

客,驾驶人的一举一动、一言一行在某种程度上代表企业的形象,因此,要求驾驶人通过各种途径不断地提高自己的政治素质,包括:

(1)热爱祖国,拥护共产党的领导,拥护社会主义制度。

(2)熟悉国家的法律、法规以及当地政府的有关管理规定和政策。

(3)热爱本职工作,热爱集体,维护企业的信誉、形象。

(4)爱憎分明,言行一致,敢于向不良倾向和行为作斗争。

2. 心理素质

根据客运驾驶人的工作性质和特点,要求客运驾驶人必须要有健康的、良好的心理素质。

(1)要有较强的自信心和自制力。做到遇事不乱,临危不惊,能独立地、果断地处理突发事件,能抑制自己的情绪,不随意耍态度;不将生活、工作中不愉快的情绪带到工作上,影响行车安全和服务工作。

(2)有宽阔的胸怀。为人处事能宽厚大度,体谅与忍让,遇事不慌,语言文明,能倾听不同的意见,正确对待和处理委屈和误解。

3. 体能素质

良好的体能素质是驾驶人的基础。驾驶人的工作是一项艰苦而繁重的体力劳动和脑力劳动结合,需要脑、眼、耳、鼻、手、脚、腰等身体全方位的协调、配合,要付出很大脑力和体力。所以要求:

(1)身体健壮,能吃苦耐劳。

(2)反应灵活,思维敏捷。

4. 技能素质

技能素质是驾驶人素质的核心,它包括:

(1)熟悉汽车的性能和特征。

(2)熟练汽车的驾驶和操作技术。

(3)熟悉道路情况。

(4)熟悉各地的风土人情,能为不同的乘客提供各种不同的服务要求。

5. 纪律观念

由于驾驶人是单车、单独作业多,流动性强,接触面广,缺乏领导和集体的监督。因此,要求驾驶人要具有很强的法制意识和纪律观念,无论何时何地都自觉地遵纪守法。

(1)熟悉、遵守国家的有关法律、法规和当地政府以及企业的有关管理规定。

(2)服从调度,服从稽查。

(3)发生意外应主动、及时、如实地报告。

6. 集体观念

驾驶人应具备关心集体、顾全大局的团队精神。应该牢固树立集体观念,正确处理个人与集体的关系。

(1)有强烈的集体荣誉感和责任感。要时刻想到自己的行为表现就代表了企业的形象,甚至会直接影响企业和全体员工的利益。

(2)关心集体、关心企业、关心社会、关心人民群众,特别是那些有求于你的遇到危险、困难的群众。

（3）顾全大局，个人利益、局部利益要自觉服从集体和全局利益，自觉抵制损害集体和国家利益，破坏安定团结的行为。

（4）爱护车辆设备，爱护公共设施、公共财物，保护环境，维护公共秩序，做文明驾驶人。

二、客运驾驶人的社会责任

道路客运驾驶人的社会责任是指驾驶人在道路运输活动中对社会和谐发展应负的责任，包括承担高于自身目标的社会义务、法律义务和经济义务等。

驾驶人所从事的职业关系到人的生命、财产安全，关系到社会的和谐和可持续发展。选择驾驶人职业，不应只是为了选择一种谋生的手段，更重要的是从社会发展和进步的长远利益出发，树立"珍爱生命、安全第一"的从业理念，严格遵守安全运输相关法律法规，做到安全驾驶、文明行车、守法经营、优质服务、节能环保，为个人和运输企业创造更好的社会声誉和经济效益，真正体现出个人的社会价值。

1. 保障人的生命、财产安全的责任

旅客购票上车后，对其自身而言，是把个人的生命、财产安全托付给了客运驾驶人；对其家庭而言，则是把一个甚至几十个家庭的幸福托付给了客运驾驶人。如果驾驶人不遵守安全法规和操作规程，哪怕是一时的疏忽，都可能会引发交通事故，造成乘员伤亡或财产损失，甚至还会威胁到其他交通参与者的生命、财产安全，使得多个家庭支离破碎。因此，驾驶人所从事的工作，不仅仅是操控汽车这么简单，还饱含着更多的责任在里面。这种责任不仅仅是一种社会责任，还是一种法律义务。

随着社会的不断进步，人的生命安全也越来越受到重视。因此，作为一名合格的客运驾驶人，首先必须肩负起保障旅客和其他交通参与者生命、财产安全的责任，将其作为完成道路运输的中心任务，谨慎驾驶，礼让行车，把旅客安全、准时送达目的地。

2. 为客户提供优质服务的责任

道路客货运输不仅是通过车辆运行来实现旅客的位移，而且还是向旅客提供服务的过程。因此，在道路运输过程中，驾驶人岗位具有双重职责，除了安全驾驶汽车外，还有为客户提供服务的职责。

随着社会的进步、人民生活水平的全面提高，人民群众对出行服务不断提出新的要求。驾驶人与旅客或托运人之间存在着服务合同关系，因此驾驶人有义务根据乘客的实际需求，提供安全、优质、高效的运输服务，保护乘客的合法权益，提高客户的满意程度。

3. 促进经济发展、社会和谐进步的责任

发生道路交通安全事故，一方面，给自己和他人带来痛苦，还会引起环境污染，引发纠纷和社会恐慌；另一方面，使企业蒙受重大的经济损失，同时降低了运输效率，阻碍了社会经济发展。可见，安全是影响社会经济发展、和谐进步的重要因素。

驾驶人一方面需要不断提高自身的安全运输素质，提高运输效率，促进社会经济发展；另一方面，有责任不断提高个人的道德修养，充分发挥行业文明窗口的作用，向社会传递正能量，促进社会的和谐进步。当旅客突发疾病时，立即给予力所能及的救助；当乘客的生命财产和货物安全受到非法侵害时，能够勇敢地站出来，与不法分子斗智斗勇，维护乘客和货主的利益,捍卫社会正义;当某地出现冰冻雨雪灾害、地震灾害、旅客严重滞留等情况下,能积极响应政府号召,参与救助活动。

4. 节能减排、保护环境的责任

面对形势日益严重的能源危机和全球气候变化以及油价的不断攀升,驾驶人要树立节能与环保意识,学习、掌握节能驾驶知识,提高节能驾驶技能、技巧,减少汽车燃油消耗和废气排放。

三、客运驾驶人的职业行为要求

驾驶人要树立职业责任感,其职业行为要做到安全运输、优质服务,诚实守信、恪尽职守,依法营运、公平竞争。热爱本职工作,维护职业尊严,通过不懈的努力构建个人良好的职业信誉,抵御社会上片面追求经济效益等不良思想的诱惑。

1. 安全运输

安全是旅客和托运人最基本的需求。驾驶人要保证运输安全,保护旅客和托运人的合法权益,首先必须遵章守法、规范操作。也就是说,驾驶人要遵守国家的相关法律、法规、规章和操作规程,任何行为不得超出法律、法规和规章允许的范围。与道路运输安全相关的各项法律法规,都是在总结大量的安全事故经验和血的教训的基础上制定的。当驾驶人超越法律、法规开展工作时,极易引发安全事故,造成人员伤亡、货物损失,还会产生很坏的社会影响和其他负面效应。

遵章守法、规范操作,是道路运输活动能够正常进行的基本保证,要求驾驶人做到以下几个方面:

(1)认真学习国家和行业的有关法律、法规和政策,熟知道路交通安全和道路运输方面的法律法规、规章制度,学习安全操作规程,增强法制观念,做到学法、知法、守法、用法。

(2)树立"安全就是效益"的思想,始终把人民群众的生命、财产安全放在首位,行车中牢记谨慎驾驶的三条黄金原则:集中注意力、仔细观察和提前预防。

(3)培养良好的驾驶习惯和职业心理,加强自身修养,不开违章车、英雄车和斗气车;对他人的不良驾驶行为做到宽容、大度、忍让,文明行车,做到"礼让三先""有理也让"。

(4)牢固树立法律意识,在严格守法的同时能够正确运用法律、法规来保障自己的合法权益,解决纠纷。

2. 优质服务

道路运输是通过完成客货流动来实现效益,属于服务性行业。优质服务就是根据乘客的实际需求,最大限度地提供安全、及时和规范的运输服务,保护乘客的合法权益。优质服务要求驾驶人做到以下几个方面:

(1)按照不同类型道路客货运输业务的特点,建立服务规范,明确服务内容和要求。比如,要求班车客运驾驶人应当提前报班,准点发车;要求包车客运驾驶人应当准时到达约定地点,等候乘客上车。

(2)保持良好的服务意识、热情的服务态度以及朴实的服务作风,从服务的细节入手,努力提高服务品质,为乘客的利益着想,尊客爱货,真诚待人。

(3)树立"讲文明、树新风"的思想,驾驶人要使用文明礼貌用语,礼貌待客,微笑服务。

(4)虚心向先进人物学习,把优质服务落实在行动上,出色地完成运输任务。

3. 诚实守信

诚实守信就是要求驾驶人对乘客始终保持诚实、恪守信用,反对任何欺诈行为,这是经济交往中最可贵的理念。驾驶人只有诚实守信,才能赢得客户的信任和社会的认可,为个人和企业赢得信誉,树立良好的形象和口碑。诚实守信,要求驾驶人做到以下几个方面:

(1)树立"信誉第一"的经营理念,努力提高服务品质,时刻为满足乘客合理需求着想,按承诺开展道路运输活动。

(2)运输过程中,履行岗位职责,信守合同约定,确保将乘客和货物安全、及时和完好送达目的地。

(3)不投机取巧、弄虚作假、欺骗客户和变相索贿,不侵害客户的正当权益,做到自重、自省和自励。

4. 恪尽职守

恪尽职守是驾驶人忠诚于职业的一种态度,具体表现为爱岗敬业,是驾驶人职业道德的基础与核心。驾驶人只有热爱自己的工作岗位,热爱自己从事的、为社会公众提供服务的事业,有高度的职业责任感和端正的从业态度,切实履行岗位职责,脚踏实地地做好本职工作,才能出色地完成各项运输任务,实现自己的人生价值,并感受到工作的快乐。恪尽职守,要求驾驶人做到以下几个方面:

(1)热爱自己的工作岗位,热爱本职工作,具有强烈的责任感和事业心,扎扎实实做好本职工作,履行好岗位职责。

(2)讲求奉献,全身心地投入到工作当中,能够把自己的理想、信念、青春和才智毫不保留地奉献给这个岗位。

(3)努力钻研业务,使自己的知识和技能适应自己所从事的工作岗位。

5. 依法运营

道路运输经营活动直接关系到乘客、货物的安全,涉及公共利益。驾驶人只有依法营运,才能真正成为道路运输市场的主体,才能建立规范、有序的道路运输市场秩序。依法营运,要求驾驶人做到以下几个方面:

(1)应依法取得道路运输经营资格,即依法取得相应的道路客运驾驶人从业资格证,确保经营资格合法。

(2)应严格按照法律、法规、规章和规范,在从业资格证件许可的范围内从事道路运输经营活动,确保经营行为合法。

(3)在自觉遵守法律法规的同时,还要主动接受和配合交通安全管理、道路运输管理等有关部门的监督和检查。

6. 公平竞争

公平竞争是要按照统一规则从事道路运输活动,通过提升自己的服务技能和水平,采取正当手段参与竞争,不使用暴力、强制手段和其他不符合法律、法规规定的手段限制、干扰和影响其他经营者,不利用自己的优势地位和不正当手段排挤其他经营者。公平竞争,要求驾驶人做到以下几个方面:

(1)不断革新经营理念,充分运用信息化技术提高运营效率,通过改善服务方式提高服务水平,文明、公开和公平地参与市场竞争,确保运输市场的规范和健康发展。

(2)要在合法、合理的前提下增强竞争意识,在运输活动中敢为人先,努力提高运输能力,优化服务品质,增强核心竞争力。

(3)要有正确的价值观,主动适应市场、占有市场,做到"童叟无欺、一视同仁、文明经营和优质服务"。

(4)遵照市场规律,严格执行价格规定;不唯利是图,不欺行霸市,不刁难乘客,不垄断、不封锁道路运输市场,不搞地方保护主义。

四、客运驾驶人安全操作职责

驾驶人的安全操作职责是驾驶人基本素质的重中之重,特别是客运驾驶人,安全操作职责关乎着乘员的生命财产安全,不能有任何一点疏忽大意。必须树立"马达一响,集中思想;车轮一动,安全为重"的思想。驾驶人安全操作职责具体包括以下几点:

(1)认真学习并自觉遵守国家道路交通安全法律、法规的规定以及公司的各项安全规章制度,按照操作规范,安全驾驶,文明驾驶,依法经营。

(2)严格执行"安全第一、预防为主、综合治理"的方针,树立强烈的安全行车意识和安全责任感,积极参加安全技术培训和各项安全活动,不断提高安全、业务和机务知识,养成良好的驾驶作风和守法习惯。

(3)认真钻研业务,精心保管和爱护车辆,熟悉车辆的安全技术性能,掌握车辆的常规维护、修理技能,确保车辆的转向、制动、灯光等综合安全技术状况良好和各项安全设施齐备有效。

(4)严格执行出车前、行驶中、收车后的"三检"制度和例保制度,自觉配合车站的安全例检工作,不得驾驶安全设施不全或者机件不符合技术标准等具有安全隐患的车辆,不得驾驶"带病"车,确保行车安全。

(5)饮酒、服用国家管制的精神药品或者麻醉药品,或者患有妨碍安全驾驶车辆的疾病,或者过度疲劳影响安全驾驶的,不准驾驶车辆。

(6)按驾驶证、从业资格证载明的准驾车型驾驶车辆,出车携带好各种证件,认真执行运行作业计划,按核定线路、时间正点运行,不得擅自绕道,严格遵守运输纪律,服从交警、运管和车站管理,安全、优质、低耗地完成运输任务。

(7)行车前检查随车行包,严禁超载及客货混装,严禁旅客携带"三品"上车。

(8)在任何情况下,车辆起步必须先关好车门,站内起步须服从站务人员统一指挥,无站点起步前须仔细观察车辆周围情况确认安全方可起步,车未停稳严禁上下旅客。

(9)以人为本,旅客至上,文明服务,热情待客,遇有危急病人和伤员,应救死扶伤,全力相助。为保护公司和旅客的合法权益,在确保安全的前提下,敢于同违法犯罪行为作斗争,见义勇为,弘扬正气。

(10)发生交通事故时,必须保护好现场,积极抢救伤者和财产,按规定放置警告标志,并迅速向公司、当地交警部门、120、保险公司报告,主动配合有关部门做好事故的调查和处理。

五、客运驾驶人工作规范与要求

1. 客运工作中的检查

1) 车辆发车前

(1) 应检查自己的仪容仪表是否符合规范要求(着装整洁,不留胡须,佩戴证章),检查各项运行证件。

(2) 检查车辆状况是否良好、有效,符合报班条件,如图 5-2 所示。

2) 旅客上车时(图 5-3)

(1) 协助旅客、行包员装好行包,协查"三品"。

(2) 协助站务员维持旅客上车秩序及验票,扶老携幼。

(3) 协助乘务员清点旅客人数,行包件数。

图 5-2　检查车辆

图 5-3　旅客上车服务

"三品"的范围

所谓"三品"就是指易燃、易爆、危禁品。一般客运站都要履行"三品"检查,属于安检工作的重要范畴,具体类别见表 5-1。

"三品"的范围　　　　　表 5-1

序号	类　别	举　例
1	爆炸品	雷管、导火索、炸药、鞭炮、烟花、发令纸(打火纸)等
2	易燃物品	汽油、煤油、酒精、松节油、油漆等
3	易燃固体	硫黄、油布及其制品等
4	压缩气体类	打火机气体、液化石油气等
5	自燃物品	白磷等
6	毒害物品	砒霜、敌敌畏等
7	腐蚀性物品	硫酸、盐酸、臭氧水、苛性钠等
8	遇水易燃烧物品	金属镁粉、金属钠、铝粉等

3)发车时

(1)关好行李舱和车门,检查车内小件行李是否放好。

(2)观察旅客是否坐好,发动车辆,观察车辆周边环境,听候发车命令和车场管理人员的指挥,缓慢起步。

4)车辆到站后

(1)完成行车任务后,应将车辆进行回场后的清洗例检工作,完毕后将车停放在指定位置,保证第二天该车辆的完好运行。

(2)对车辆各系统、部件进行检查,如图5-4所示。如发现有影响行车安全的故障,尽快排除,及早告知调度员另行安排车辆顶班,严禁病车行驶。

2. 客车进出站的规定

(1)按车站规定的进出速度行驶,(一般不超过30km/h),不得超速,不得鸣放高音喇叭,按导线引导的方向行驶或停放车辆。

(2)听从车站人员安排,进行车辆安全检查,如图5-5所示。

图5-4 收车后的检查

图5-5 进出车站

(3)不得携带"三品"或无关人员进站,严格执行"三不进站、六不出站"规定。

(4)出车站前协助清点旅客人数,向旅客作出安全告知,配合出站检查人员搞好车辆安全检查。

"三不进站,六不出站"

"三不进站、六不出站"管理制度是对《汽车旅客运输规则》《道路旅客运输及客运站管理规定》等法规条文和客运站实际工作的归纳总结。

(1)"三不进站"包括以下三方面内容:

①易燃、易爆、易腐蚀物品不进站。

②无关人员不进站(发车区)。

③无关车辆不进站。

(2)"六不出站"包括以下六方面内容:

①客车证件不齐全不出站。

②超载客车不出站。

③安全例检不合格客车不出站。
④驾驶人资格不符合要求不出站。
⑤出站登记表未经审核签字不出站。
⑥旅客未系安全带不出站。

3. 车辆禁行和防疲劳驾驶的规定

(1)晚10时至凌晨5时严禁车辆始发(图5-6)。

(2)晚10时至凌晨6时,严禁车辆在三级以下(含三级)山区公路达不到夜间安全通行要求的路段运行。

(3)运行里程超过400km(高速公路600km)的车辆,配备两名以上驾驶人,驾驶人24h内累计驾驶时间不得超过8h(特殊情况下可延长2h,但每月延长的总时间不能超过36h),连续驾驶时间不准超过4h,每次停车休息时间不得少于20min。

图5-6 晚10时至早5时禁止发车

(4)超长线路车辆,积极实行接驳运输方式,保证驾驶人停车换人,落地休息。如果没有实行接驳运输,要保证车辆在凌晨2时至5时停车休息,严禁过时运行。

警钟长鸣

违法运输车遭遇"红眼客车"——"7.19"沪昆高速特大事故

2014年7月19日凌晨3时左右,沪昆高速湖南境内邵怀段(隆回到洞口段)1309km处发生了两车相撞引发爆燃(图5-7)。事故共造成5车烧毁,截至7月19日22时40分事故中已有43人遇难。

图5-7 "7.19"沪昆高速特大事故

2014年7月19日22时40分,事故调查组初步调查结果显示,此次事故的原因至少已确定两点:

(1)小货车中载有的疑似易燃物已确认为乙醇,共计6.52t。初步调查结果显示,运输危化品的小货车为非法改装、伪装小客车,非法营运是此次事故的原因之一。

(2)涉事车辆闽BY2508大客车凌晨3时仍在高速公路上运行即"红眼客车"也严重违反了相关法律法规。且从客车出事前传回的GPS信号中,车辆运行过程中休息的次数也没有达到要求。

凌晨之后在高速公路上行驶的大客车俗称"红眼客车"。由于夜间能见度低,驾驶员极易疲劳,给客车运行安全带来很大隐患。"红眼客车"经常发生事故,交通管理部门针对"红眼客车"早已出台一系列法律法规。比如,卧铺客车必须强制安装车载视频装置,由客运企业随时监控车厢内情况;同时针对凌晨事故高发的规律性特征,对超长途连续运行的卧铺客车,推行凌晨2时至5时临时停车休息的措施。

近年来,发生在高速公路上造成重大伤亡的大客车事故时有发生。比如,2011年造成41人死亡的"7.22"京珠高速客车燃烧事故,2012年造成36人死亡的包茂高速延安段大客车交通事故,今年3月造成15人死亡的包茂高速重庆黔江段大客车侧翻事故。以上三起事故均发生在凌晨1时至4时之间。而此次事故也发生在凌晨3时左右,按照规定应该是客车临时停车休息时间。

此次惨痛的事故也再次给夜晚长途客车的行车安全敲响了警钟!

4. 服务纠纷等异常情况的处理

提供优良服务、营造优美环境、维持优良秩序,是客运企业、汽车客运站始终努力的方向和目标。在日常运输中,驾乘人员应严格执行"三优三化"规范,稳妥处理各类异常情况。

1)与乘客发生纠纷

运输过程中,当与乘客之间发生纠纷时,驾乘人员应心平气和地认真倾听乘客的意见和要求,重视乘客的抱怨与投诉,虚心接受乘客意见,遵守客运服务承诺,履行客运服务义务。

2)行李发生损毁或遇路况不佳

在运输过程中,乘客所带物品毁损或承运人有过错的,例如,车辆技术状况或设备有问题,驾驶人违规驾驶或违章操作、擅自改变运行计划,应当承担损害赔偿责任。

运输途中难免会遇到路况突然发生变化的情况。此时,驾乘人员有义务提前告知旅客,并提醒大家坐稳、注意行李物品的安全。

3)行李物品遗失

行驶途中乘客丢失行李物品时,首先要了解乘客上车地点、丢失地点和丢失时间的长短,然后动员同车乘客协助查找,但不要影响正常运营。如果在车厢内发现可疑对象,可向附近派出所报案。

4)乘客出现吸烟、脱鞋等不文明行为

遇乘客吸烟、脱鞋等不文明行为时,驾驶人应予以制止,并劝告、提醒乘客做到文明乘车。为乘客提供良好的乘车环境,是驾乘人员应当履行的责任。

5)遇醉酒乘车

遇醉酒乘客乘车时,可以动员周围的乘客帮助照顾,了解下车地点,到站时提醒其下车。准备好塑料袋、矿泉水等,以防止其行车中呕吐。

6)遇乘客之间发生争吵

遇乘客间发生争吵,影响正常行车时,应先将车辆停靠于安全地带,耐心地安抚乘客情绪,进行调解。如果场面失控,可拨打"110"。

7)遇车内儿童玩闹

遇车内有玩闹的儿童时,应提醒随行的大人注意照看,以防车辆紧急制动或转弯时发生意外。

5. 乘客禁止携带危险品的种类、规定及识别

道路运输事关人民群众的生命财产安全,责任重于泰山。对客运企业、汽车客运站而言,危险品安全检查工作尤为重要。因为一旦危险品被携带上车,如果发生意外,后果将不堪设想。

1)乘客禁止携带危险品种类和规定

做好危险品的识别是加强客运车辆安全检查和事故预防工作,避免起火、爆炸等恶性事故发生的重要途径。《汽车旅客运输规则》第39条规定,乘客不能携带下列物品乘车。

(1)易燃、易爆等危险品。

(2)有可能损坏、污染车辆和有碍其他旅客安全的物品。

(3)动物(在保证安全、卫生的条件下,每位旅客可携带少数的雏禽或小型成禽成畜乘车,但须装入容器,其体积或质量超过免费规定的应办理托运手续)。

(4)有刺激性异味的物品。

(5)尸体、尸骨。

(6)法律和政府规定的禁运物品。

2)危险品排查原则和方法

危险品排查的一般原则为:见包注意,可疑必问,违禁拒载。

危险品的人工排查方法如下。

(1)望:一望携带的物品是否是大件物品、黑色塑料袋装物品、瓶装、罐装、桶装物品等;二望携带物品的乘客神情是否紧张或伪装镇定,行为表现是否异常、不耐烦,例如催促人员检查等。

(2)闻:是否有刺激性味、芳香味、氨味、苦杏仁味等气味。

(3)问:发现可疑情形时,询问乘客携带的是何物品。

(4)谢:注意礼貌用语,避免与乘客发生言语或肢体冲突。礼貌用语包括"为了您和他人的乘车安全,请打开包裹接受检查"、"感谢您的理解"、"谢谢您的合作"等。

3)识别后的处理

发现乘客携带或夹带违禁物品,驾乘人员可以予以截留,不予运输。如果乘客坚持携带上车,驾乘人员可以先向其讲解携带危险品上车的危害,其次建议其将物品先交由他人保管,随后再取。如果乘客一意孤行,不听劝阻,驾乘人员可以拒绝其乘坐,或者拨打110报警,交由公安部门处理。

任务实施

(1)通过图片、实物、气味等判别乘客携带危险品的种类及处置方法。

(2)模拟运营模式,进行服务纠纷等异常情况的处理练习。

想一想

(1)客运驾驶人的社会责任有哪些?

(2)简述驾驶人安全操作职责。

(3)简述客运驾驶人工作规范与要求。

(4)"三品"的范围包括哪些?

(5)"三不进站、六不出站"包括哪些内容?

任务二 道路客运基本环节

道路旅客运输具有快捷、便利等先天性优势,在综合运输体系中有着极其重要的地位和作用。随着经济的发展和社会的进步,人们出行需求不断变化,各种运输方式之间、运输企业之间竞争日益激烈,提供优质的服务成为争夺客运市场份额的法宝。

客运驾驶人学习掌握这些知识,可以更好地开展运输服务。

一、报班准备

(1)客运驾驶人应保持个人清洁,着职业服装,衣着干净整洁,头发梳理整齐,修饰得体,身上无异味。

(2)班车客运驾驶人应于前一日确认次日运行班次,包括行车线路、发车时间、起讫站点、途经站及停靠站等信息;因病、因事请求变更工作班次,应提前办理有关手续,不得私自换班、调班;做好客车安全例行检查,提前30min到站报班。

①按规定做好发班前的车辆例保检查工作,确保车辆工作正常,车内设施设备、安全部件完好有效,车辆整洁卫生。

②按规范整理服装,佩戴好工号牌。

③车辆营运证照齐全有效。

④车辆《安全例检合格通知单》在有效期内。

图5-8 服从站务人员指挥

(3)接受行包和快件,对可疑物品要进行检查。核对行包与行包票是否相符,快件与结算清单、交接清单是否相符,如不符要及时更正。

(4)保持车厢温度在18~28℃。车厢内空气流通,空气质量应符合《长途客车内空气质量要求》(GB/T 17729)的规定。

(5)在发班前15min(短途班车5 min),班车客运驾驶人应在站务人员旗笛指挥下(图5-8),将车辆停入指定上客区,放好客运标志牌,打开车门和行李舱门,等待旅客上车。包车客运驾驶人应适当提前将车辆开到约定地点,就近停靠,放好包车客运标志牌。

知识链接

站务人员旗笛指挥规范信号

在客运站内,人员嘈杂,站务人员通常使用红绿旗或者口笛来进行指挥。驾驶人掌握其动作的内涵,可以确保安全。

(1)红绿旗。

红旗:左手持用,表示停车及险阻信号。

绿旗:右手持用,表示注意或安全信号。

(2)口笛(用作红绿旗的辅助信号)。

一短声:通知驾驶人准备起步的信号。

二短声:指挥车辆倒车的信号。

一长声:指挥车辆立即开行的信号。

二短声一长声:指挥车辆停止倒车的信号。

二、上客服务

(1)乘客上车时,客运驾驶人应站在车门口迎接旅客,与旅客核对车次、乘车日期和到达站等信息,招呼旅客安全登车,对旅客携带的物品进行安全检查,帮助旅客将大件行李放进行李舱内。安放完毕应锁好行李舱门。

(2)旅客登车坐定,客运驾驶人应检查旅客的随身行李是否安放正确,确保过道、安全出口位置无物品,行李架上的物品摆放整齐、稳妥,不会脱落。

(3)核对旅客人数,办理结算凭证交接手续。

三、发车和出站

1. 发车

发车前,客运驾驶人帮助旅客摆平扶手,调整好椅背,提醒和帮助旅客系好安全带,并向旅客进行安全告知。

知识链接

安全告之制度。2011年,交通运输部发布《关于积极推进道路客运安全告知制度有关事项的通知》(交运发〔2011〕396号),要求在客运车辆、旅游客运车辆上推行安全告知制度。

在发车前,安全告知的主要内容包括:

(1)客运公司名称、客车号牌、驾驶员及乘务员姓名和监督举报电话。

(2)客运车辆核定载客人数、行驶线路、经批准的停靠站点、中途休息站点。

(3)法律法规规定事项,如禁止旅客携带或客运车辆装运的危险品,禁止超载、超速、疲劳驾驶的规定,特别是连续驾驶时间不得超过4h;禁止在高速公路上和未经批准的站点上下客;禁止携带危险品进站上车;禁止改变线路行驶;禁止关闭、屏蔽卫星定位信号;禁止客车22时至凌晨6时途经三级以下山区公路达不到夜间安全通行条件的路段;卧铺客车凌晨2时至5时停车休息以及客运票价的有关规定等。

(4)车辆安全出口及应急出口逃生、安全带和安全锤使用方法。

安全承诺。为进一步落实道路客运企业安全生产主体责任,强化驾驶员安全意识和职业责任感,自觉把保护乘客生命安全作为企业和驾驶员的最高职责,2015年5月26日,国家安全监管总局、交通运输部、公安部联合下发《关于在道路客运行业深入开展驾驶员安全承诺和安全教育工作的通知》(安监总管二〔2015〕57号)。决定以道路客运安全告知制度为载体,在全国道路客运行业深入开展驾驶员安全承诺和安全教育工作。

1. 驾驶员安全承诺基本要求

道路客运车辆发车前,驾驶员要结合贯彻落实安全告知制度,向乘客进行"面对面"的安全承诺,如图5-9所示。承诺时,驾驶员应站在车辆过道前部,面向全体乘客,保持标准站立姿势,做到吐字清晰,声音洪亮。安全承诺的内容应包括:

(1)客运公司名称,驾驶员姓名。

(2)客运车辆行驶线路、发车时间、里程及到达时。

(3)承诺做到"五不两确保"(图5-10),并接受乘客监督(图5-11)。

(4)提示乘客系好安全带。

应保持标准站立姿势

为保证行车安全 我郑重宣誓

图5-9 发车前的安全告知

承诺做到"五不两确保"并接受乘客监督

图5-10 "五不两确保"内容

车厢左侧有监督举报电话12328

图5-11 车内乘客监督牌

2.驾驶员安全承诺示范

各位乘客,大家好!欢迎乘坐××公司(地名A)至(地名B)班车,我是本次班车驾驶员×××。本次班车将于(时间)发车,全程×××公里,预计(时间)到达(地名B)。为保证行车安全,我郑重宣誓:在驾驶过程中做到不超速、不超员、不疲劳驾驶、不接打手机、不关闭动态监控系统,确保乘客生命安全,车厢左侧有监督举报电话12328,敬请大家监督!车辆即将发车,请各位乘客再次确认系好安全带,接受乘务员检查!

2.出站

出站检查,是指客运站经营者在客车出站前,对当班驾驶员资格、客车运营证件、客车安全例行检查情况、客车实际载客人数、车上人员安全带系扣情况及出站登记手续等是否符合规定所进行的核查活动。

班线客车行驶至客运站的出站口时,客运驾驶员应主动接受出站检查,检查合格并与出站检查人员共同签字确认后再出站。

客车出站检查主要包括以下内容：

（1）检查出站客车报班手续是否完备，包括《安全例检合格通知单》、行驶证、道路运输证和客运标志牌等单证应齐全、合格。

（2）检验每一名当班驾驶员持有的从业资格证、机动车驾驶证，受检驾驶员与报班的驾驶员应一致。

（3）清点客车载客人数，不得超员出站。

（4）检查装有安全带的客车旅客安全带系扣情况，客车出站时所有旅客应系好安全带。

客运驾驶员不配合出站检查且经劝告仍不接受出站检查的，客运站有权拒绝客车出站。经劝阻无效，仍滞留现场扰乱秩序的，客运站可采取相应措施安排客车上的旅客改乘并报当地道路运输管理机构；对强行出站的，客运站可报告当地道路运输管理机构处理。对相关客车，客运站可在一定期限内禁止其进站发班。

四、途中服务

（1）驾驶员应精力集中，谨慎驾驶，文明开车，确保班车安全、正点到达目的站。

（2）驾驶员应按规定及时使用车上服务设施，为旅客提供良好的旅行环境。按规定开启车载视听系统，向旅客宣传安全乘车知识、快客服务指南、快客服务承诺。节目播放内容应合法、健康。

（3）行车途中，客运驾驶员应关注旅客在车厢内的动态，提醒旅客注意安全，不要将手和头部伸出窗外；发现非法活动应及时报警，维护旅客人身和财产的安全。

（4）行驶途中，遇有旅客突发重病应采取就近送医的措施。

（5）客运班车应按照规定的线路、班次和站点运行，在规定的途经站点进站上下旅客，无正当理由不得改变行驶线路（图5-12），不得站外上客（图5-13）。或者沿途任意上下旅客和装卸行李（在配客站点上下客和服务区停车除外）。

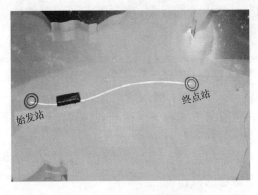

图5-12　不得改变行驶线路

图5-13　不得站外上客

（6）连续行驶2～3h应到服务区停车休息或进餐。停车开门前应通知旅客停车和开车时间，提醒旅客保管好自己的随身物品。旅客上车后应进行提醒喊话，核对人数，确保旅客不漏乘、不错乘。停车休息时，驾驶员应完成途中例检作业。

（7）班车途中发生故障或事故，并一时难以继续行驶时，驾驶员应积极联系救助或组织换乘，正常情况下保证旅客等待时间不超过2h（300km以上班车不超过3h）。

五、到站服务

进入客运站下客区时,客运驾驶员应服从现场服务人员指挥,停靠到指定的位置。车辆停稳后,应提醒旅客拿好自己随身物品,所有旅客下车后开启行李舱门,帮助旅客提取行李。如有行包或快件货物的,应做好货物交接工作。

旅客和行李离车后,客运驾驶员应立即驶离下客区,并按要求在完成清洁卫生工作和例行维护工作后,开往规定的停车区或待发下一班车。车辆停放时,客运驾驶员应拉紧驻车制动器操纵杆,锁好车门。对轮胎等易损件和安全部位进行检视,如有异常状况和故障,应及时报修。

六、服务岗位语言规范

下列语言可采用口播、录音或视频等形式。

1. 旅客上车时

(1)您好,欢迎乘坐×××班车。(新年或过节时:您好改为新年好,节日好)

(2)请不要拥挤,上车后对号入座。

(3)请您把随身行李放在座位底下或行李架上,不要把行李放在过道上。

2. 旅客坐定后

(1)旅客们:你们好!欢迎您乘坐×××班车,我是×××号驾驶员。本次班车是××时××分开往×××(客运站),正常情况下大约行驶××h。车辆行驶中请保管好您的贵重物品。如果您有什么困难和要求,可直接与我们联系。

(2)旅客们,车辆马上就要开了,请您赶快坐到您的座位上,带小孩的旅客请看管好您的小孩。

3. 车辆行驶中

(1)旅客们,为了保持车厢内的安全和卫生,车厢内不准吸烟,瓜皮果壳请放进清洁袋中。旅客们,本次班车是直达班车,途中不能上下客,谢谢您的合作。

(2)(当高速公路发生交通堵塞时)各位旅客请注意,目前高速公路堵塞,为了您的安全,高速公路上是不能下客的,请您耐心在车上等候,谢谢您的合作。

(3)(当车辆发生事故需换车时)旅客们,你们好,我们非常抱歉的通知大家,由于×××原因,本车辆无法继续行驶,公司已派出车辆,正常情况下大约××h赶到这里。请旅客们耐心在车上等候,给您带来的不便敬请谅解,谢谢您的理解与合作。

(4)(当车辆发生事故需旅客下车时)各位旅客请注意,由于×××原因,请带好您的贵重物品从车门下车,给您带来的不便敬请谅解,谢谢您的合作。

4. 途中休息时

(1)旅客们,我们的车辆已经进入××××服务区,在服务区休息10min(就餐休息20min)开车时间为××时××分,请旅客们全部下车,贵重物品请妥善保管。

(2)旅客们,我们的车辆马上就要离开×××服务区,请您再仔细检查一下,您的随身行李是否遗忘在服务区,是否还有旅客没有上车(驾驶员应清点人数)。从服务区到终点站正常情况下大约还要行驶××h,一路上旅客们辛苦了,我们再一次提醒大家,在车上休息时一定要妥善保管好您的贵重物品。

5. 征求意见时

（1）请您对我们的服务多提宝贵意见。

（2）您提的建议很好,我们会加以改进。谢谢您。

（3）请原谅,由于我们的失误,给您添了麻烦,下次服务我们一定改进。

6. 车辆进站时

（1）旅客们,您们好,终点站马上就要到了,到站后,请旅客们拿好自己随身携带的物品,带小孩的旅客请带好您的小孩,待车辆停稳后依次下车。有行李的旅客请到行李舱提取。

（2）旅客们,我们将愉快地结束这次旅行,我代表本公司衷心地感谢您一路上对我们的工作给予的支持和帮助,欢迎您再次乘坐"××快客"的班车,下次旅行再见。

任务实施

（1）模拟营运场景,熟悉道路客运的基本环节及内容。

（2）模拟发车前的安全承诺。

（3）模拟对话场景,规范服务岗位语言。

想一想

（1）道路客运基本环节有哪些?

（2）发车前的安全告知的内容有哪些?

（3）上客服务包括哪些内容?

（4）简述途中服务的内容。

项目六 大客车综合考核技能训练

项目描述

大客车综合考核技能训练包括机动车驾驶人 A1 证考试、汽车驾驶员（高级）驾驶实操考试以及经营性道路旅客运输驾驶员从业资格证应用能力考试三方面内容，通过专项训练，进一步提高操作技能并顺利取得相关证书，是今后能否从事客运工作的重要因素。

项目任务

任务一　机动车驾驶人 A1 证考试
任务二　汽车驾驶员（高级）驾驶实际操作考试
任务三　经营性道路旅客运输驾驶员从业资格证应用能力考试

项目目标

1. 熟悉机动车驾驶人 A1 证考试内容、形式、要点及合格标准；
2. 掌握场地、道路驾驶技能考试训练内容及方法；
3. 熟悉汽车驾驶员高级职业资格考核内容、申报条件、基本要求等；
4. 掌握汽车驾驶员（高级）驾驶实际操作考试内容及方法；
5. 掌握经营性道路旅客运输驾驶员从业资格证应用能力考试内容及方法。

任务一　机动车驾驶人 A1 证考试

一、机动车驾驶人 A1 证考试概述

机动车驾驶人考试执行全国统一的考试内容和合格标准，考核应考人员是否了解和掌握道路交通安全法律法规知识、安全文明驾驶常识和驾驶技能，是否具备驾驶安全意识。

（一）考试内容

机动车驾驶人考试分为"科目一　道路交通安全法律、法规和相关知识考试"、"科目二　场地驾驶技能考试"、"科目三　道路驾驶考试"和"科目三　安全文明驾驶常识考试"四部分内容。

1. 科目一（道路交通安全法律、法规和相关知识考试）

考试内容包括：道路通行、交通信号、交通安全违法行为和交通事故处理、机动车驾驶证申领和使用、机动车登记等规定以及其他道路交通安全法律、法规和规章等六部分内容。

2. 科目二（场地驾驶技能考试）

考试内容包括：桩考、坡道定点停车和起步、侧方停车、通过单边桥、曲线行驶、直角转弯、通过限宽门、通过连续障碍、起伏路行驶、窄路掉头，以及模拟高速公路、连续急弯山区路、隧道、雨（雾）天、湿滑路、紧急情况处置共十六项内容。

3. 科目三（道路驾驶技能考试）

考试内容包括：上车准备、起步、直线行驶、加减挡位操作、变更车道、靠边停车、直行通过路口、路口左转弯、路口右转弯、通过人行横道线、通过学校区域、通过公共汽车站、会车、超车、掉头、夜间行驶。

另外，省级公安机关交通管理部门应当根据实际增加山区、隧道、陡坡等复杂道路驾驶考试内容。

4. 科目三（安全文明驾驶常识考试）

考试内容包括：内容包括安全行车常识、文明行车常识、道路交通信号在交通场景中的综合应用、恶劣气象和复杂道路条件下安全驾驶知识、紧急情况下避险常识、典型事故案例分析、交通事故处置及常见危险化学品处置常识等八部分内容。

（二）考试形式和合格标准

1. 科目一（道路交通安全法律、法规和相关知识考试）

考试形式：上机考试。

考试时间：45min。

基本题型：判断题、单项选择题、多项选择题。试卷由考试系统从考试题库中随机抽取生成，共100道题。

合格标准：满分为100分，成绩达到90分的为合格。

2. 科目二（场地驾驶技能考试）

考试形式：在考试员的现场监督下，由考生按照规定的考试线路、操作规范和根据考试员考试指令或车载语音提示，独立完成驾驶。场地驾驶技能考试使用场地驾驶技能考试系统进行考试和评判。

合格标准：满分为100分，成绩达到90分的为合格。

3. 科目三（道路驾驶技能考试）

考试形式：在考试员随车监督下，由考生按照或考试员的考试指令或车载语音提示，完成实际道路的驾驶操作。考试里程不少于20km，其中白天考试里程不少于10km，夜间考试里程不少于5km。

合格标准：满分为100分，成绩达到90分的为合格。

4. 科目三（安全文明驾驶常识考试）

考试形式：上机考试。

考试时间：30min。

基本题型：判断题、单项选择题、多项选择题。试卷由50道题组成，题目以案例、图片、动画等形式为主。

合格标准：满分为100分，成绩达到90分的为合格。

(三)考试要求

(1)科目一考试合格后,车辆管理所应当在一日内核发学习驾驶证明。学习驾驶证明的有效期为3年,申请人应当在有效期内完成科目二和科目三考试。未在有效期内完成考试的,已考试合格的科目成绩作废。在学习驾驶证明有效期内,科目二和科目三道路驾驶技能考试预约考试的次数不得超过5次。第五次预约考试仍不合格的,已考试合格的其他科目成绩作废。

(2)申请人科目一考试合格后,可以预约科目二或者科目三道路驾驶技能考试。有条件的地方,申请人可以同时预约科目二、科目三道路驾驶技能考试,预约成功后可以连续进行考试。科目二、科目三道路驾驶技能考试均合格后,申请人可以当日参加科目三安全文明驾驶常识考试。

(3)每个科目考试一次,考试不合格的,可以补考一次。不参加补考或者补考仍不合格的,本次考试终止,申请人应当重新预约考试,但科目二、科目三考试应当在10日后预约。科目三安全文明驾驶常识考试不合格的,已通过的道路驾驶技能考试成绩有效。

申请人因故不能按照预约时间参加考试的,应当提前一日申请取消预约。对申请人未按照预约考试时间参加考试的,判定该次考试不合格。

(4)申请人通过所有科目考试合格后,应当接受不少于30min的交通安全文明驾驶常识和交通事故案例警示教育,并参加领证宣誓仪式。车辆管理所应当在申请人参加领证宣誓仪式的当日核发机动车驾驶证。

(四)考试要点

1.科目一——道路交通安全法律、法规和相关知识考试

(1)驾驶证和机动车管理规定,见表6-1。

驾驶证和机动车管理规定　　　　　　　　　　　　　　　　表6-1

考试内容	考试要点	考试目标
驾驶证申领和使用规定	机动车驾驶许可; 机动车驾驶证种类、准驾车型和有效期; 机动车驾驶证申请条件; 驾驶人考试内容和合格标准; 学习驾驶证明使用规定; 驾驶证实习期; 有效期满、转入、变更换证; 驾驶证遗失补证; 违法记分管理制度; 驾驶证注销情形; 驾驶证审验; 驾驶人体检; 申请增加准驾车型的条件; 大中型客货车驾驶证日常管理要求	考核是否掌握驾驶证申领使用相关知识;是否了解机动车登记使用的相关知识

考试内容	考试要点	考试目标
机动车登记和使用规定	机动车注册、变更、转移、抵押、注销登记； 机动车登记证书灭失、丢失或损毁； 机动车号牌、行驶证灭失、丢失或者损毁； 机动车上路行驶条件； 机动车号牌设置使用； 机动车安全检验； 机动车交通事故责任强制保险； 机动车强制报废	考核是否掌握驾驶证申领使用相关知识；是否了解机动车登记使用的相关知识

（2）道路通行条件及通行规定，见表6-2。

道路通行条件及通行规定　　　　　表6-2

考试内容	考试要点	考试目标
道路交通信号	道路交通信号灯的分类、含义、识别和作用； 道路交通标志的分类、含义、识别和作用； 道路交通标线的分类、含义、识别和作用； 交通警察手势的分类、含义、识别和作用	
道路通行规定	右侧通行； 灯光、喇叭的使用； 有划分车道、无划分车道的道路通行； 机动车超车规定； 跟车距离的保持要求； 交叉路口通行； 机动车变更车道规定； 机动车限速通行； 机动车会车规定； 机动车掉头规定； 机动车倒车规定； 铁路道口及渡口通行； 缓行、拥堵路段或路口通行； 漫水路、漫水桥通行； 避让行人和非机动车； 避让特种车辆、道路养护作业车辆； 遇校车通行规定； 专用车道的使用要求； 机动车载物规定； 机动车载人规定； 驾驶机动车禁止行为； 机动车停车规定； 牵引挂车规定； 机动车故障处置； 牵引故障机动车	考核是否掌握道路通行条件以及道路通行规定相关知识

续上表

考试内容	考试要点	考试目标
高速公路通行特殊规定	高速公路禁行要求； 高速公路限速规定； 进出高速公路； 跟车距离要求； 低能见度通行条件下的通行规定； 应急车道使用规定； 高速公路禁止行为； 高速公路机动车故障处置	考核是否掌握道路通行条件以及道路通行规定相关知识

(3)道路交通安全违法行为及处罚,见表6-3。

道路交通安全违法行为及处罚　　　　表6-3

考试内容	考试要点	考试目标
道路交通安全违法行政强制措施	扣留机动车的情形； 扣留机动车驾驶证的情形； 拖移机动车的情形； 强制检验体内违禁饮(用)品含量的情形	考核是否掌握涉及道路交通安全的违法行为；是否了解相关行政强制措施、行政处罚、刑事处罚的知识
道路交通安全违法行政处罚	道路交通安全违法的行政处罚种类； 违反道路通行规定的处罚； 饮酒、醉酒驾车的处罚； 涉及登记证书、号牌、证件、标志违法的处罚； 未投保交强险的处罚； 违法停车的处罚； 超速等其他违法行为的处罚； 超载、超员的处罚※	
道路交通安全违法刑事处罚	交通肇事罪； 危险驾驶罪； 伪造、变造、买卖驾驶证； 使用伪造、变造的或者盗用他人驾驶证； 其他涉牌涉证行为的刑事处罚	

(4)道路交通事故处理,见表6-4。

道路交通事故处理　　　　表6-4

考试内容	考试要点	考试目标
道路交通事故处理	事故报警； 事故现场处置； 高速公路事故现场处置； 自行协商事故处理； 事故现场的强制撤离	考核是否掌握道路交通事故处理的相关知识

(5)车辆结构及性能,见表6-5。

车辆结构及性能   表6-5

考试内容	考试要点	考试目标
车辆结构与车辆性能常识	车辆的基本构成； 车辆制动性对行车安全影响的相关知识； 车辆通过性对行车安全影响的相关知识； 车辆轮胎、燃油、润滑油、冷却液、风窗玻璃清洗液等运行材料的作用和使用要求※	考核是否了解车辆基本构成和车辆性能常识；是否了解机动车主要仪表、指示灯、报警灯的作用；是否掌握常见操纵装置、安全装置作用及使用要求等知识；是否熟知大中型客货车制动系统及安全装置相关知识
常见操纵装置	转向盘的作用； 机动车踏板分类和作用； 变速器操纵杆的作用； 驻车制动器的作用； 各类开关的辨识和作用	
常见安全装置	仪表、指示灯、报警灯的辨识和作用； 安全头枕的作用及使用要求； 安全带的作用及使用要求； 安全气囊的作用及使用要求； 儿童安全座椅的作用及使用要求； 防抱死制动装置及其他常见安全装置的作用； 逃生出口种类和使用要求	
大中型客货车制动系统及安全装置	客车、城市公交车行车制动装置、辅助制动装置、驻车制动装置的作用和使用要求； 客车、城市公交车车门、安全出口、安全窗、安全锤、灭火器等安全装置的使用要求； 货车制动系统的特点和使用要求； 汽车列车连接与分离装置的使用要求； 紧急切断阀的作用和使用要求	

(6)地方性法规选定,见表6-6。

地方性法规选定   表6-6

考试内容	考试要点	考试目标
根据地方性法规选定的重点内容	地方性法规选定的重点内容	考核地方性法规的重点内容

2. 科目二——场地驾驶技能考试

场地驾驶技能考试内容见表6-7。

场地驾驶技能考试内容   表6-7

序号	考试项目	考试要点	考试目标
1	桩考	正确判断车身行驶空间位置,操控车辆完成倒车或前进通过空间限位障碍	考核是否掌握车辆机件操纵方法；是否具备正确控制车辆运动空间位置的能力以及准确地控制车辆的行驶位置、速度和路线的能力
2	坡道定点停车和起步	准确控制停车位置,协调运用加速踏板、驻车制动器和离合器,平稳起步	

续上表

序号	考试项目	考试要点	考试目标
3	侧方停车	正确操纵车辆顺向准确停入道路右侧车位	
4	通过单边桥	在行驶中操纵转向装置,控制车轮保持直线行驶,通过单边桥	
5	曲线行驶	在行驶中操纵转向装置,准确判断车轮位置,控制车辆曲线行驶	
6	直角转弯	在行驶中操纵转向装置,控制内轮差通过转弯区域	
7	通过限宽门	在行驶中准确判断车身空间位置,控制车辆以一定车速通过限宽门	
8	通过连续障碍	在行驶中准确判断左右车轮内侧空间运行变化,控制车辆骑于连续障碍之上通过	
9	起伏路行驶	在行驶中针对凹凸障碍以最小颠簸方式通过障碍	
10	窄路掉头	不超过三进二退掉头后靠右停车	考核是否掌握车辆机件操纵方法;是否具备正确控制车辆运动空间位置的能力以及准确地控制车辆的行驶位置、速度和路线的能力
11	模拟高速公路驾驶	驶入驶出高速公路、合理选择行车道、遵守行车规定以及高速公路应急停车	
12	模拟连续急弯山区路驾驶	通过模拟急弯山区路能够做到减速、鸣喇叭、靠右行,控制车辆在本方车道内行驶	
13	模拟隧道驾驶	进入隧道前完成减速、开灯、鸣喇叭操作,驶出隧道前鸣喇叭,驶出隧道后关闭前照灯	
14	模拟雨(雾)天驾驶	在模拟雨雾天气中完成减速、选择刮水器挡位、开启灯光等操作	
15	模拟湿滑路驾驶	在模拟湿滑路中正确操控车辆,使用低速挡平稳通过	
16	模拟紧急情况处置	在模拟紧急情况出现时,合理完成制动、停车、开启危险报警闪光灯、摆放警告标志、撤离车内人员等操作	
17	省级公安机关交通管理部门增加的考试内容	省级公安机关交通管理部门可以根据实际增加考试内容,并确定轮式自行机械车、无轨电车、有轨电车的考试内容	

3. 科目三——道路驾驶技能考试

道路驾驶技能考试内容见表6-8。

项目六 大客车综合考核技能训练

道路驾驶技能考试内容　　　　　　　　表6-8

序号	考试项目	考试要点	考试目标
1	上车准备	上车前观察车辆周围及车底是否存在安全隐患，检查轮胎及车辆外观，车牌和后视镜有无污损、遮挡，确认安全，上车动作规范	考核是否掌握道路上的安全驾驶方法；是否具备准确判断不同道路情景中的潜在危险以及正确有效处置随机出现的交通状况的能力；是否具备无意识合理操纵车辆的能力；是否具备安全、谨慎驾驶意识
2	起步	起步前调整和检查车内设施，观察后方、侧方交通情况，起步过程规范、平稳	
3	直线行驶	根据道路情况合理控制车速，正确使用挡位，保持直线行驶	
4	加减挡位操作	根据道路交通状况和车速，合理加减挡，换挡及时、平顺	
5	变更车道	变更车道过程中正确使用转向灯，观察、判断侧后方交通情况，保持车辆安全间距，控制行驶速度，合理选择变道时机，变道过程平顺	
6	靠边停车	观察后方和右侧的交通情况，提前开启转向灯，减速向右、平稳停车	
7	直行通过路口	观察路口交通信号及道路交通情况，减速或停车瞭望，直行安全通过路口	
8	路口左转弯	观察路口交通信号及道路交通情况，提前开启转向灯，驶入相应车道，减速或停车瞭望，偏头查看左前车窗立柱盲区，左转弯安全通过路口	
9	路口右转弯	观察路口交通信号及道路交通情况，提前开启转向灯，驶入相应车道，减速或停车瞭望，观察右侧轮差行驶区域，右转弯安全通过路口	
10	通过人行横道	提前减速，观察两侧交通情况，确认安全后，合理控制车速通过，遇行人停车让行	
11	通过学校区域	提前减速观察情况，文明礼让，确保安全通过，遇有学生横过公路时应停车让行	
12	通过公共汽车站	提前减速，观察公共汽车进、出站动态和乘客上下车动态，着重注意同向公共汽车前方或对向公共汽车后方有无行人横穿道路	
13	会车	正确判断会车地点，与对方车辆保持安全间距，注意对方车辆后方交通情况	
14	超车	保持与被超越车辆的安全跟车距离，观察后方以及左前方交通情况，选择合理时机，正确使用灯光，从被超越车辆的左侧超越。超越后，在不影响被超越车辆正常行驶的情况下，逐渐驶回原车道	
15	掉头	降低车速，观察交通情况，正确选择掉头地点和时机，发出掉头信号后掉头；掉头时不妨碍其他车辆和行人的正常通行	
16	夜间行驶	行驶中根据各种照明、道路和车流情况正确使用灯光	
17	省级公安机关交通管理部门增加的考试内容	大型客车、牵引车、城市公交车、中型客车、大型货车的山区、隧道、陡坡等复杂道路驾驶考试内容	

4. 科目三——安全文明驾驶常识考试

(1) 安全行车常识,见表6-9。

安全行车常识　　　　　　　　　　　　　　表6-9

考试内容	考试要点	考试目标
日常检查与维护	出车前的检查; 行车中与收车后的检查; 车辆的日常维护	考核是否了解车辆日常检查与维护知识;是否熟知各类不良驾驶状态的危害及预防知识;是否掌握危险源辨识的相关知识;是否具备安全、谨慎驾驶意识
安全驾驶状态	酒精、毒品、药物对驾驶影响相关知识; 疲劳驾驶的防范知识; 不良情绪状态对驾驶影响相关知识; 集中驾驶注意力常识	
危险源的识别与预防	行车视距; 车辆盲区的辨识与预防; 内轮差知识; 行车观察与潜在危险的辨识	
安全驾驶操作要求	起步前调整; 安全起步; 安全变更车道; 安全跟车; 安全超车、让超车; 安全会车; 安全掉头; 安全倒车; 安全停车; 路口安全驾驶; 安全通过学校等特殊区域; 弯道安全驾驶; 机动车操纵装置的安全操作要求; 与大型车辆共行的相关知识	

(2) 文明行车常识,见表6-10。

文明行车常识　　　　　　　　　　　　　　表6-10

考试内容	考试要点	考试目标
保护其他交通参与者	保护行人和骑车人; 保护乘车人	考核是否掌握文明驾驶知识;是否具备文明、礼让驾驶意识
与其他车辆共用道路	遇紧急车辆的处置; 礼让公交车辆与校车; 驾驶机动车的其他礼让行为	
文明使用灯光及喇叭	文明使用灯光; 文明使用喇叭	
常见不文明行为	常见不文明行为	

(3) 道路交通信号在交通场景中的综合应用,见表6-11。

道路交通信号在交通场景中的综合应用　　　　　　　　　　　　　　表6-11

考试内容	考试要点	考试目标
路口交通信号综合应用	不同类型交叉路口交通信号综合应用	考核是否掌握实际道路驾驶时各类道路交通信号的综合应用知识
路段交通信号综合应用	不同类型道路路段交通信号综合应用	
特殊场所交通信号综合应用	车站、码头、铁路道口等场所交通信号综合应用	

（4）恶劣气象和复杂道路条件下安全驾驶知识，见表6-12。

恶劣气象和复杂道路条件下安全驾驶知识　　　　　　　　　　　　表6-12

考试内容	考试要点	考试目标
通过桥梁隧道的安全驾驶	通过桥梁安全驾驶； 通过双向行驶隧道的安全驾驶	考核是否掌握复杂道路条件、恶劣气象和高速公路的安全驾驶知识
山区道路安全驾驶	山区道路跟车时安全距离的控制； 山区道路超车时的安全驾驶； 山区道路会车时的安全驾驶； 山区道路安全停车； 山区道路坡道的安全驾驶； 山区道路弯道的安全驾驶	
夜间安全驾驶	夜间灯光的使用要求； 夜间路面的识别与判断； 夜间跟车、超车、让超车时的安全驾驶； 夜间会车时的安全驾驶； 夜间通过交叉路口时的安全驾驶； 夜间通过坡道、人行横道时的安全驾驶； 夜间转弯、发生故障时的安全驾驶	
特殊道路及恶劣气象条件下的安全驾驶	雨天安全驾驶； 冰雪道路的安全驾驶； 雾天安全驾驶； 大风天气的安全驾驶； 泥泞、涉水、施工道路的安全驾驶	
高速公路安全驾驶	驶入收费口； 安全汇入车流； 行车道的选择； 行车速度确认； 安全距离确认； 应急车道的使用； 安全通过高速公路隧道、桥梁； 驶离高速公路	

（5）紧急情况下避险常识，见表6-13。

紧急情况下避险常识 表6-13

考试内容	考试要点	考试目标
紧急情况通用避险知识	紧急情况下的避险原则； 轮胎漏气的处置； 突然爆胎的处置； 转向突然失控的处置； 制动突然失效的处置； 发动机突然熄火的处置； 侧滑时的处置； 碰撞时的应急处置； 倾翻时的应急处置； 火灾时的应急处置； 车辆落水的应急处置	考核是否熟知紧急情况下的临危处置的基本知识
高速公路紧急避险	发生"水滑"的处置； 雾天遇到事故的处置； 意外碰撞护栏的处置； 遇到横风的处置； 紧急情况停车的应急处置	

（6）典型事故案例分析，见表6-14。

典型事故案例分析 表6-14

考试内容	考试要点	考试目标
典型事故案例驾驶行为分析	典型事故违法行为分析； 典型事故不安全驾驶行为分析	考核是否掌握分析典型事故案例事故致因以及事故预防知识
典型事故案例经验教训	典型道路交通事故客观成因； 典型道路交通事故预防知识	

（7）交通事故救护及常见危险化学品处置常识，见表6-15。

交通事故救护及常见危险化学品处置常识 表6-15

考试内容	考试要点	考试目标
事故处置	事故处置原则； 事故现场处置常规方法	考核是否掌握事故现场处置方法；是否了解伤员自救常识和常见危险化学品特性等常识
伤员自救、急救	伤员急救的基本要求； 伤员的移动； 失血伤员的急救； 烧伤者的急救； 中毒伤员的急救； 骨折伤员的处置	
常见危险化学品	常见危险化学品的特性； 常见危险化学品的个人安全防护常识； 危险化学品运输中特殊情况的处理	

· 176 ·

(8) 地方试题,见表6-16。

地方试题　　　　　　　　　　　表6-16

考试内容	考试要点	考试目标
省级公安交通管理部门根据实际确定的考试内容	本地实际确定的考试内容	考核本地实际确定的安全文明驾驶常识

二、场地、道路驾驶技能考试训练

现机动车驾驶人科目二智能化考试较多采用"无人值守"考试,需要学员独立驾驶车辆完成考试,科目三考试因道路交通情况较复杂,一般由考试员负责安全管理。为确保考试顺利通过,建议在考试前或考试中做好如下工作:

(1)考试前需准备好有效证件:身份证、准考证、驾驶证(增驾)等。
(2)考试前做好自我心理调节,做到"心态稳定、不慌乱"。
(3)考试前进行一些必要的热身运动,以避免肌肉因紧张而造成僵硬,造成操作不协调。
(4)考试前一定要熟悉考试场地及线路,避免考试时走错考试线路,影响考试心态。

(一)场地驾驶技能考试

1. 场地驾驶技能考试注意事项

学员进入科目二考试区域,要根据语音叫号沿指定路线进入考试场指定位置等候,语音未叫到的学员切不可进入考试场,特别是不可跨越护栏或其他隔离设施,考试结束后沿原路返回,以免影响安全和其他学员考试。

(1)考试过程中注意每个库位前的大屏幕显示的信息,做好信息核对。
(2)上车后迅速做好考试前准备工作:调整好座椅、后视镜等,系好安全带。
(3)按显示屏"开始考试"按钮,获取"考试项目",听到语音"请开始考试"后进入相应车道进行考试。
(4)考试过程中一定要听清语音提示(指令),要根据车载语音提示操作(考试)。
(5)任何一个考试项目若有其他车辆正在考试,应让其考完后方可驶入该项目考试。
(6)学员听到语音提示"合格"或"不合格"后,将车开回起点(或由考场辅助考试员负责将车辆开回),车辆停稳后,挂空挡(P挡)拉上驻车制动器操纵杆后方可打开车门下车。
(7)考试中要注意车速的控制,熟悉离合器、制动踏板、加速踏板的位置,切不可把加速踏板当制动踏板。
(8)考试中起步一定要打左转向灯,靠边停车打右转灯,考试中要注意经常观察左右后视镜,观察后方交通状况。
(9)若考试场地不是很平整的话,考试中注意离合器、制动器的控制,以免溜坡造成扣分或不合格。
(10)起步操作要领:左脚踩(离合器踏板)、右手挂(挡位)、按喇叭、把灯打(左转向灯)、缓抬离合器、稳加油、松手刹(驻车制动器)。

2. 场地驾驶技能考试提示

考生按照指令来到桩考考场,上车后先正确使用安全带,起动车辆,准备完毕后举手示意,然后进行桩考考试。桩考完成后,驾驶人自行驾车进入大型车考场起点,逐个通过16个考点。

1)桩考

(1)要按照规定的路线、顺序行驶。

(2)不能碰擦桩杆。

(3)车身不能出线。

(4)倒库、移库要到位。

(5)中途不得停车。

(6)运行时间不得超过8min。

2)坡道定点停车和起步

(1)进入坡道后应开启右转向灯。

(2)车辆停止后,前保险杠应位于桩杆线前后50cm内,车身距离路边缘线30cm以内。

(3)车辆起步时,要开启左转向灯、鸣笛,并在规定的时间内平稳起步。

(4)车辆起步不能熄火,不能后溜。

3)侧方停车

(1)车辆起步后,要按照规定的路线、顺序行驶。

(2)车辆在入库停止后,车身不能出线。

(3)行驶中,轮胎不得触轧车道边线,中途不能停车。

(4)不能出现发动机熄火现象。

4)通过单边桥

(1)车辆起步后,中途不能停车。

(2)行驶中,不能出现一个车轮未上桥或掉下桥面的现象。

5)曲线行驶

(1)车辆起步后,要按照规定的路线、顺序行驶。

(2)行驶中,车轮不能轧路边缘线,中途不能停车。

(3)不能出现发动机熄火现象。

6)直角转弯

(1)车辆起步后,要按照规定的路线、顺序行驶。

(2)行驶中,车轮不能轧路边缘线,中途不能停车。

(3)不能出现发动机熄火现象。

7)通过限宽门

(1)车辆起步后,按规定路线、顺序行驶,中途不能停车。

(2)行驶中,不能碰擦限宽门标杆,车辆行驶速度不能低于10km/h。

8)通过连续障碍

(1)车辆起步后,按规定路线、顺序行驶,中途不能停车。

(2)车辆使用2挡(含)以上挡位,骑于圆饼之上通过,车轮不能超、轧路边缘线或轧碰、擦圆饼。

9)起伏路行驶

(1)行至起伏路面前要及时减速,但不要过早减速、中途不能停车。

(2)通过起伏路面时,车辆不能出现严重跳跃。

10)窄路掉头

(1)不超过三进二退完成掉头后靠右停车。

(2)车轮不能轧路边缘线。

(3)整个掉头时间不超过8min。

(4)掉头前要发出掉头信号。

11)模拟高速公路驾驶

(1)行驶中不能占用两条车道、应急车道。

(2)前后100m均无其他车辆时要及时靠右侧车道行驶。

(3)变更车道要提前开启转向灯并通过后视镜观察后面情况。

(4)要按照规定速度在高速公路段行驶。

(5)要正确使用灯光或警示牌。

12)模拟连续急弯山区路驾驶

(1)进入弯道前减速至通过弯道所需的速度。

(2)弯道内不能占用对方车道。

(3)弯道换挡时方向不能跑偏。

(4)进入弯道前要鸣喇叭。

(5)在未划中心实线道路右转弯前适度靠中行驶。

13)模拟隧道驾驶

(1)驶入隧道前要减速并开启前照灯。

(2)驶入隧道后不能占道、超车。

(3)驶入隧道前鸣喇叭。

(4)驶入隧道后未达到暗适应时间,不能加速行驶。

(5)驶出隧道前鸣喇叭。

(6)驶出隧道口后,关闭前照灯。

(7)禁止鸣喇叭区域不得鸣喇叭。

14)模拟雨(雾)天驾驶

(1)进入模拟雨(雾)天路段前,提前减速并变更挡位。

(2)雨天应及时开启刮水器,并根据雨量大小选择调整刮水器挡位。

(3)雾天应当开启防雾灯、示廓灯、前照灯、危险报警闪光灯。

(4)通过模拟雨(雾)天路段时,使用低速挡匀速行驶,不能急加速、急制动。

15)模拟湿滑路驾驶

(1)进入湿滑路前,提前减速并变更挡位。

(2)进入湿滑路后,使用低速挡匀速行驶,不能急加速、急制动。

16)模拟紧急情况处置

(1)对前方突然出现的行车警示,要先制动减速后,再转向避让或停车,转向时车身不能有明显甩摆。

(2)模拟应急处置需要停车时,下车动作要规范。

(3)模拟失火处置时,要会正确使用灭火器,停车位置不能在引发更大火灾区域。

(二)道路驾驶技能考试

1. 道路驾驶技能考试注意事项

在进行科目三考试时,学员要根据考试场次安排提前到指定考试点等候,切不可匆忙,以免影响安全到达和考试心态。

(1)做好起步前各项准备工作:调整好座椅、靠背、后视镜等,系好安全带。

(2)考试中要听清语音指令,在规定的时间内做出正确的操作。

(3)打转向灯后必须 3s 以上才能运用转向盘。

(4)整个考试过程中需要有一次是挡位挂到 4 挡,速度在 40km/h 以上跑超过 5s,这项最好是在直线行驶完成之后做,3 挡直接挂 4 挡跑 5s 即可,如果没有操作这一项,系统是无法终止考试的。

(5)正常行驶中不要压实线。

(6)考试中起步一定要打左转向灯,靠边停车打右转灯,考试中要注意经常观察左右后视镜,观察后方交通状况。

(7)其他考试注意事项详见"各项目考试的操作要求"。

2. 道路驾驶技能考试提示

1)上车准备

考生须按安全员指示,靠近车身,(自左前车门向后)绕车一周,确认安全后打开车门上车。上车后听到语音提示"请学员做好考试准备,并进行指纹验证",首先调整座椅至合适自己的位置,调整内、外后视镜,系好安全带。然后进行指纹验证。

2)起步

当听到语音提示"请起步"后,踩离合器踏板,将挡位挂入一挡,打左转向灯(大于3s),同时(左扭头)观察左后视镜,确认安全后,鸣笛,放松驻车制动器操纵杆,平稳起步,拨正转向灯。在坡路起步时禁止后溜。

3)直线行驶

当听到语音提示"请保持直线行驶"后,考生应目视前方,双手控制好转向盘,保持车辆直线行驶。严禁骑压道路分界线。

4)加减挡位操作

当听到语音提示"请完成加减挡动作"后,考生应该将挡位调整至 2 挡,从 2 挡依次升至 5 挡,在 5 挡位时时速需超过 40km/h,再将挡位依次降至 2 挡。

5)变更车道

当听到语音提示"请变更车道"后,考生应打(左)转向灯(大于3s),同时(左扭头)通过(左)后视镜观察后方交通情况,确认安全后,向(左)转动转向盘变更车道。当不具备变更条件时,考生应减速慢行,等待条件允许后进行变更车道。严禁连续变更两条车道。

6)靠边停车

当听到语音提示"请靠边停车"后,考生打右转向灯(大于3s),同时通过(右)后视镜观察右后方交通情况,确认安全后,将车辆(右侧)平行停放在小于路沿石(或者道路边缘实线)30cm以内处,但不能压到路沿石(或者道路边缘实线),停稳车辆,拉紧驻车制动器操纵杆,挂空挡。

听到语音提示"考试合格,请下车"或"考试未通过,请下车"后,观察左后方交通情况,确认安全后,打开车门下车,考试完毕。

如果第一次考试不合格,语音提示"考试不合格,重新开始考试",请不要下车,按照语音提示继续考试即可。

7) 直行通过路口

当听到语音提示"前方通过路口"后,考生应减速慢行(制动),观察道路交通情况,按照信号灯指示行驶,通过路口时,车速应低于30km/h。路口内禁止停车。

8) 路口左转弯

当听到语音提示"前方路口右转弯"后,开右转向灯(大于3s)后,按导向箭头车道右转至行车道。

9) 路口右转弯

当听到语音提示"前方路口右转弯"后,开右转向灯(大于3s)后,按导向箭头车道右转至行车道。

10) 通过人行横道

当听到语音提示"前方通过人行横道"后,考生应减速慢行(制动)或在进入该区域前车速低于30km/h。若有行人通过,请把车辆停在安全线外等候,在行人通过人行横道后方可通过。

11) 通过学校区域

当听到语音提示"前方通过学校"后,考生应减速慢行(制动),或在进入该区域前车速低于30km/h,左右(扭头)观察,注意避让学生,确认安全后方可通过。

12) 通过公共汽车站

当听到语音提示"通过公交车站",考生应减速慢行(制动)或在进入该区域前车速低于30km/h,左右(扭头)观察,注意避让公交车辆及行人,确认安全后方可通过。

13) 会车

当听到语音提示"前方会车"后,考生须注意前方来车,靠行车道右侧行驶至会车项目结束。注意避让其他车辆,不能压非机动车道线。

14) 超车

当听到语音提示"请完成超车动作"后,考生应打左转向灯(大于3s),同时通过(左)后视镜观察左后方交通情况,确认安全后方可向左转动转向盘,驶入左侧车道进行超车。超过被超车辆,确认与被超车辆保持安全距离后,打右转向灯(大于3s),同时通过(右)后视镜观察右后方,确认安全后驶入原车道正常行驶。当不具备超车条件时,可等待条件允许时,完成超车动作,禁止右侧超车。

15) 掉头

当听到语音提示"前方请掉头"后,考生应打左转向灯(大于3s),通过(左)后视镜观察左后方交通情况,确认安全后,方可降低车速,换入低挡,驶入掉头区域。驶入掉头区域时应左右观察路况,确认安全后驶入新车道正常行驶并关闭左转向灯。

16）夜间行驶

指纹验证成功后,白天考试学员在起步前,考生听到语音提示"下面开始模拟夜间灯光使用,请按照语音提示进行操作"后,考生应开始灯光操作。夜间行驶灯光模拟考试将从以下项目中随机抽取三项进行考试。

(1) 你将要在路口处转弯,请使用正确灯光(使用近光灯)。

(2) 你正在低能见度道路上行驶,请使用正确灯光(开启远光灯)。

(3) 你将要通过急弯,请使用正确灯光(交替使用远近光灯不少于2次)。

(4) 你将要通过坡路,请使用正确灯光(交替使用远近光灯不少于2次)。

(5) 你将要通过拱桥,请使用正确灯光(交替使用远近光灯不少于2次)。

(6) 你将要通过人行横道,请使用正确灯光(交替使用远近光灯不少于2次)。

(7) 你将要通过没有交通信号灯控制的路口,请使用正确灯光(交替使用远近光灯不少于2次)。

(8) 你将要超车,请使用正确灯光(先开启左转向灯,然后交替使用远近光灯不少于2次,再开启右转向灯)。

(9) 你将要与其他车辆会车,请使用正确灯光(开启近光灯)。

(10) 灯光模拟完毕后,考生需将灯光关闭,再进行下一项考试。

抽取到夜间考试的学员应按照夜间考试实际路况进行驾驶。

3. 道路驾驶技能考试评判标准和参数

道路驾驶技能考试评判标准和参数,见表6-17。

道路驾驶技能考试评判标准和参数　　　　　　　表6-17

考试项目	评判标准	扣分	参数及说明
通用评判(不合格)	不按规定使用安全带或者戴安全头盔	100	无
	遮挡、关闭车内音视频监控设备	100	无
	不按考试员指令驾驶	100	(1)超车:语音播报后未在200m内完成; (2)通过路口(直行,左转,右转):实际行驶方向与语音播报的方向不一致; (3)掉头:语音播报后未在150m内完成
	不能正确使用灯光、刮水器等车辆常用操纵件	100	人工评判
	起步时车辆后溜距离大于30cm	100	无
	驾驶汽车双手同时离开转向盘	100	人工评判
	单手控制转向盘时,不能有效、平稳控制行驶方向	100	人工评判
	车辆行驶方向控制不准确,方向晃动,车辆偏离正确行驶方向	100	单位时间内(2s),检测到车辆行驶方向左右变化大于设定阈值(3°)
	不能根据交通情况合理选择行驶车道、速度	100	为加快考试进程,要求考试全程车速应超过45km/h累计行驶300m以上

续上表

考试项目	评判标准	扣分	参数及说明
通用评判（不合格）	使用挡位与车速长时间不匹配，造成车辆发动机转速过高或过低	100	超出各挡位车速范围，且时间大于30s 1挡：0~20km/h； 2挡：5~30km/h； 3挡：15~40km/h； 4挡：25~55km/h； 5挡：>35km/h
	车辆在行驶中低头看挡或连续2次挂挡不进	100	在单位时间内（5s），进入同一挡位两次后又退出
	行驶中空挡滑行	100	时间大于5s
	视线离开行驶方向超过2s	100	侧头超过2s
	违反交通安全法律、法规，影响交通安全	100	人工评判
	不按交通信号灯、标志、标线或者民警指挥信号行驶	100	(1) 不按交通信号灯行驶； (2) 违反交通禁令标线变道（实线变道）； (3) 通过路口时未按地面导向箭头行驶； (4) 遇停车让行标志时，未在停车线停车
	不按规定速度行驶	100	超出道路的最高限速或最低限速
	车辆行驶中骑轧车道中心实线或者车道边缘实线	100	以实线内侧为准
	长时间骑轧车道分界线行驶	100	时间大于15s
	争道抢行，妨碍其他车辆正常行驶	100	人工评判
	行驶中不能保持安全距离和安全车速	100	人工评判
	连续变更两条或两条以上车道	100	当车辆变更1条车道后，在新的车道内停留小于10s或转向灯未回位，又再次变道的
	通过积水路面遇行人、非机动车时，有不减速等不文明驾驶行为	100	人工评判
	遇行人通过人行横道不停车让行，不主动避让优先通行的车辆、行人、非机动车	100	人工评判
	将车辆停在人行横道、网状线内等禁止停车区域	100	停车超过5s
	行驶中身体任何部位伸出窗外	100	人工评判
	制动踏板、加速踏板使用错误	100	人工评判
	对可能出现危险的情形未采取减速、鸣喇叭等安全措施	100	遇减速让行标志时，未减速
	因观察、判断或者操作不当出现危险情况	100	踩副制动踏板
	考生未按照预约考试时间参加考试	100	由考试管理系统软件判断

续上表

考试项目	评判标准	扣分	参数及说明
通用评判(扣10分)	驾驶姿势不正确	10	人工评判
	起步时车辆后溜,但后溜距离小于30cm	10	后溜距离范围:15~30cm
	操纵转向盘手法不合理	10	人工评判
	起步或行驶中挂错挡,不能及时纠正	10	无
	起步、转向、变更车道、超车、停车前不使用或错误使用转向灯	10	分别在起步、路口左转弯、路口右转弯、变更车道、超车、靠边停车项目中检测
	起步、转向、变更车道、超车、停车前,开转向灯少于3s即转向	10	分别在起步、路口左转弯、路口右转弯、变更车道、超车、靠边停车项目中检测
	转弯时,转、回方向过早、过晚,或者转向角度过大、过小	10	人工评判
	换挡时发生齿轮撞击	10	人工评判
	遇情况时不会合理使用离合器半联动控制车速	10	人工评判
	因操作不当造成发动机熄火一次	10	无
	不能根据交通情况合理使用喇叭	10	人工评判
	制动不平顺	10	停车时,车辆垂直方向加速度不超过1.3g
	遇后车发出超车信号,不按规定让行	10	人工评判
上车准备	不绕车一周检查车辆外观及安全状况	100	无
	打开车门前不观察后方交通情况	100	人工评判
起步	制动气压不足起步	100	无,仅限气制动大车评判
	车门未完全关闭起步	100	无
	起步前,未观察内、外后视镜,未侧头观察后方交通情况	100	起步前5s内是否向左侧头观察交通情况
	起动发动机时,变速器操纵杆未置于空挡(驻车挡)	100	无
	不松驻车制动器操纵杆起步,未及时纠正	100	车辆起步后行驶距离大于10m时,检测到有驻车制动器信号
	不松驻车制动器操纵杆起步,但能及时纠正	10	车辆起步后行驶距离大于1m小于10m时,检测到驻车制动器操纵杆被松开
	发动机起动后,不及时松开起动开关	10	检测到点火钥匙信号时间大于或等于2s
	道路交通情况复杂时起步不能合理使用喇叭	5	起步前10s内使用喇叭(根据各地实际道路情况设定)
	起步时车辆发生闯动	5	起步时,车辆垂直方向加速度超过1.2g
	起步时,加速踏板控制不当,致使发动机转速过高	5	发动机转速大于2500r/min
	起动发动机前,不检查调整驾驶座椅、后视镜、检查仪表	5	人工评判

续上表

考试项目	评判标准	扣分	参数及说明
直线行驶	方向控制不稳,不能保持车辆直线运行	100	由人工根据道路情况触发:车载语音播报"请保持直线行驶",行驶30m后开始评判,判断车辆与车道边线的距离变化应小于±30cm,再行驶100m后结束评判
	遇前车制动时不及时采取减速措施	100	人工评判
	不适时通过内、外后视镜观察后方交通情况	10	在直线行驶过程中是否左右摆头观察后视镜(至少一次)
	未及时发现路面障碍物或发现路面障碍物未及时采取减速措施	10	人工评判
加减挡位操作	未按指令平稳加、减挡	100	由人工根据道路情况触发:车载语音播报"请加挡行驶",语音播报后在12s内加一个挡
	车辆运行速度和挡位不匹配	10	超出各挡位车速范围,且时间大于2s 1挡:0~20km/h; 2挡:5~30km/h; 3挡:15~40km/h; 4挡:25~55km/h; 5挡:>35km/h
变更车道	变更车道前,未通过内、外后视镜观察后方道路交通情况	100	变更车道前5s内是否侧头观察变道方向一侧的后视镜(在有车道标线的道路上行驶时,每次变更车道均应进行评判)
	变更车道时,判断车辆安全距离不合理,妨碍其他车辆正常行驶	100	人工评判
靠边停车	停车前,不通过内、外后视镜观察后方和右侧交通情况	100	靠边停车向右转向前5s内是否向右方侧头观察交通情况
	考试员发出靠边停车指令后,未能在规定的距离内停车	100	语音播报后未在150m内完成
	停车后,车身超过道路右侧边缘线或者人行道边缘	100	以边缘线外侧为准
	停车后,在车内开门前不侧头观察侧后方和左侧交通情况	100	开车门前5s内是否向左方侧头观察交通情况
	下车后不关闭车门	100	车门开启时间大于15s; 残疾人不判本项
	停车后,车身距离道路右侧边缘线或者人行道边缘大于30cm	10	以边缘线内侧为准
	停车后,未拉紧驻车制动器操纵杆	10	以车门开启时刻为准

续上表

考试项目	评判标准	扣分	参数及说明
靠边停车	拉紧驻车制动器操纵杆前放松行车制动踏板	10	无
	下车前不将发动机熄火	5	无
直行通过路口	不按规定减速或停车瞭望	100	车速超过30km/h,且没有检测到制动信号
	不观察左、右方交通情况,转弯通过路口时,未观察侧前方交通情况	100	在通过路口停车线前后3s内是否左右摆头观察交通情况
	遇有路口交通阻塞时进入路口,将车辆停在路口内等候	100	车辆越过停车线后,在路口内停车超过10s
路口左转弯	不按规定减速或停车瞭望	100	车速超过30km/h,且没有检测到制动信号
	不观察左、右方交通情况,转弯通过路口时,未观察侧前方交通情况	100	通过路口停车线前后3s内是否向右方侧头观察交通情况
	遇有路口交通阻塞时进入路口,将车辆停在路口内等候	100	车辆越过停车线后,在路口内停车超过10s
	左转通过路口时,未靠路口中心点左侧转弯	10	无
路口右转弯	不按规定减速或停车瞭望	100	车速超过30km/h,且没有检测到制动信号
	不观察左、右方交通情况,转弯通过路口时,未观察侧前方交通情况	100	通过路口停车线前后3s内是否向左方侧头观察交通情况
	遇有路口交通阻塞时进入路口,将车辆停在路口内等候	100	车辆越过停车线后,在路口内停车超过10s
通过人行横道线	不按规定减速慢行	100	车速超过30km/h,且没有检测到制动信号
	不观察左、右方交通情况	100	通过人行横道线前5s内是否左右摆头观察交通情况
	未停车礼让行人	100	人工评判
通过学校区域	不按规定减速慢行	100	车速超过30km/h,且没有检测到制动信号
	不观察左、右方交通情况	100	通过学校区域期间是否左右摆头观察交通情况(至少一次)
	未停车礼让行人	100	人工评判
通过公共汽车站	不按规定减速慢行	100	车速超过30km/h,且没有检测到制动信号
	不观察左、右方交通情况	100	通过公共汽车站期间是否左右摆头观察交通情况(至少一次)
	未停车礼让行人	100	人工评判

续上表

考试项目	评判标准	扣分	参数及说明
会车	在没有中心隔离设施或者中心线的道路上会车时,不减速靠右行驶,或未与其他车辆、行人、非机动车保持安全距离	100	由人工根据道路情况触发:车载语音播报"与机动车会车",判断车辆是否减速
	会车困难时不让行	100	人工评判
	横向安全间距判断差,紧急转向避让对方来车	100	判断车辆是否向右急打方向(1s内车辆行驶方向右变化大于设定阈值5°)
超车	超车前不通过内、外后视镜观察后方和左侧交通情况	100	由人工根据道路情况触发:车载语音播报"超越前方车辆",向左变道前5s内是否向左方侧头观察交通情况
	超车时机选择不合理,影响其他车辆正常行驶	100	人工评判
	超车时,未侧头观察被超越车辆动态	100	向左变道完成后10s内是否向右方侧头观察交通情况
	超车时未与被超越车辆保持安全距离	100	人工评判
	超车后急转向驶回原车道,妨碍被超车辆正常行驶	100	人工评判
	在没有中心线或同方向只有一条行车道的道路上从右侧超车	100	无
	当后车发出超车信号时,具备让车条件不减速靠右让行	10	人工评判
掉头	不能正确观察交通情况选择掉头时机	100	人工评判
	掉头地点选择不当	100	在人行横道线上掉头
	掉头前未发出掉头信号	100	掉头前未使用左转向灯
	掉头时,妨碍正常行驶的其他车辆和行人通行	10	人工评判
夜间行驶	不能正确开启灯光	100	白天通过语音模拟灯光操作;夜考自动评判
	同方向近距离跟车行驶时,使用远光灯	100	白天通过语音模拟灯光操作
	通过急弯、坡路、拱桥、人行横道或者没有交通信号灯控制的路口时,不交替使用远近光灯示意	100	白天通过语音模拟灯光操作;夜考自动评判
	会车时不按规定使用近光灯	100	白天通过语音模拟灯光操作
	通过路口时使用远光灯	100	白天通过语音模拟灯光操作;夜考自动评判

续上表

考试项目	评判标准	扣分	参数及说明
夜间行驶	超车时未交替使用远近光灯提醒被超越车辆	100	白天通过语音模拟灯光操作；夜考自动评判
	在有路灯、照明良好的道路上行驶时，使用远光灯	100	白天通过语音模拟灯光操作；夜考自动评判
	在路边临时停车不关闭前照灯或不开启示廓灯	100	白天通过语音模拟灯光操作；夜考自动评判
	进入无照明、照明不良的道路行驶时不使用远光灯	5	白天通过语音模拟灯光操作；夜考自动评判

任务实施

(1) 独立驾驶车辆，按照考试要求一次性完成场地16项的专项训练。

(2) 独立驾驶车辆，按照考试要求进行道路驾驶技能专项训练。

想一想

(1) 机动车驾驶人A1证考试内容包括那些？

(2) 场地驾驶技能考试包括哪些项目？

(3) 简述场地驾驶技能考试注意事项。

(4) 简述道路驾驶技能考试注意事项。

任务二 汽车驾驶员(高级)驾驶实际操作考试

一、汽车驾驶员高级职业资格考核概述

1. 职业等级

根据国家职业标准，汽车驾驶员共设四个等级，分别为：初级(国家职业资格五级)；中级(国家职业资格四级)；高级(国家职业资格三级)；技师(国家职业资格二级)。

2. 申报条件

申报高级职业资格具备以下条件之一即可：

(1) 取得本职业中级职业资格证书后，连续从事本职业工作5年或安全行车200000km以上，经本职业高级正规培训达规定标准学时数，并取得毕(结)业证书。

(2) 取得本职业中级职业资格证书后，连续从事本职业工作7年以上。

(3) 取得高级技工学校或经劳动保障行政部门审核认定的、以高级技能为培养目标的高等职业学校本职业(专业)毕业证书。

3. 基本要求

汽车驾驶员高级职业资格基本要求见表6-18。

汽车驾驶员高级职业资格基本要求汇总表

表 6-18

项目		知 识 点
职业道德	1. 职业道德基本知识	
	2. 职业守则	(1) 热爱本职，钻研技术
		(2) 遵守法规，安全行驶
		(3) 文明驾驶，乐于助人
		(4) 热情服务，礼貌待客
		(5) 努力工作，完成任务
基础知识	1. 燃料、润料等知识	(1) 汽油、柴油、液化石油气、天然气燃料的使用知识
		(2) 汽油机机油、柴油机机油的分类及选用知识
		(3) 润滑脂的分类及选用知识
		(4) 冷却液、制动液、液压油的分类和选用知识
	2. 轮胎的分类及使用知识	
	3. 汽车维护、检修知识	(1) 汽车日常维护知识
		(2) 汽车一级维护知识
		(3) 汽车二级维护知识
		(4) 汽车检修知识
	4. 法定计量单位的基本知识	
	5. 灭火器的使用知识	
	6. 相关法律、法规知识	(1) 劳动法的相关知识
		(2) 道路交通法规的相关知识
		(3) 环境保护法规的相关知识

4. 工作要求

国家职业标准对初级、中级、高级、技师的技能要求依次递进，高级别包括低级别的要求。汽车驾驶员高级职业资格工作要求见表 6-19。

汽车驾驶员高级职业资格工作要求汇总表

表 6-19

职业功能	工作内容	技能要求	相关知识
汽车驾驶	驾驶车辆	能在特殊条件下驾驶各种准驾车辆	(1) 特殊道路、气候条件下汽车顺利起步停车知识； (2) 特殊道路、气候条件下汽车正常行驶的常识； (3) 汽车拖挂的知识； (4) 汽车发动机的工作原理； (5) 汽车底盘的工作原理
汽车维护	二级维护	能完成二级维护作业	二级维护作业规范和技术条件

续上表

职业功能	工作内容	技能要求	相关知识
汽车故障排除与检修	1.调整车辆	(1)能调整起动机啮合间隙; (2)能调整离合器自由行程	(1)调整起动机啮合间隙的方法; (2)调整离合器自由行程的方法
	2.排除发动机复杂油路、电路故障	能准确判断、排除发动机油路、电路的复杂故障	(1)发动机油路、电路复杂故障的排除方法; (2)排除电控汽油喷射发动机故障的方法
	3.判断发动机异常现象	(1)能判断发动机冷却系统工作异常的故障; (2)能判断润滑系统工作异常的故障	(1)发动机冷却系统工作异常的原因; (2)发动机润滑系统工作异常的原因
	4.发现汽车行驶过程中的故障	(1)能判断汽车离合器故障; (2)能判断汽车方向摆振故障; (3)能判断汽车传动系统异响故障; (4)能判断汽车制动系统故障	(1)汽车离合器故障的排除方法; (2)汽车方向摆振故障的原因; (3)汽车传动系统异响故障的原因; (4)汽车制动系统故障的原因和排除方法
	5.汽车检修	(1)能对发动机供油系统主要部件和总成进行检修; (2)能对发动机点火系统主要元件和总成进行检修; (3)能完成轮胎换位	(1)机械识图的知识; (2)发动机和汽车理论知识; (3)汽车电控的基本知识; (4)汽车检测的基本知识; (5)轮胎换位的知识
	6.空调系统使用	能判断汽车空调系统的一般故障	(1)空调系统的组成和工作原理; (2)空调系统故障的原因
培训与指导	1.培训	能讲授汽车驾驶课程	汽车场地驾驶的知识
	2.指导	能指导初级、中级驾驶员正确驾驶车辆	正确驾驶车辆的知识

5. 考核鉴定方式与时间

汽车驾驶高级职业资格考核鉴定分为理论知识考试和技能操作考核两部分。理论知识考试采用闭卷笔试方式,技能操作考核采用现场实际操作方式。理论知识考试和技能操作考核均实行百分制,成绩皆达60分以上者为合格。

理论知识考试时间均为90min;技能操作考核时间不少于120min。

6. 知识比重

汽车驾驶员高级职业资格知识比重见表6-20。

汽车驾驶员高级职业资格知识比重汇总表 表6-20

项　　目			理论知识	操作技能
基本要求相关知识	职业道德		5	
	基础知识		10	
	汽车驾驶	发动车辆		
		调整车辆		
		驾驶车辆	15	40
	汽车维护	日常维护		
		一级维护		
		二级维护	10	
	汽车故障判断与排除	判断、排除发动机故障		
		判断汽车电气设备常见故障		
		判断底盘常见故障		
	汽车故障排除与检修	排除发动机一般油路、电路故障		
		判断发动机异响故障		
		判断底盘常见故障		
		发现汽车转向系统常见故障		
		发现汽车制动系统常见故障		
		发现汽车行驶系统常见故障		
		汽车检修	15	30
		调整车辆	10	
		排除发动机复杂油路、电路故障		
		判断发动机异常现象		
		发现汽车行驶过程中的故障	30	30
		空调系统使用		
	汽车调整和检验	调整车辆		
		车辆检验		
	汽车新技术	电控燃油喷射发动机车辆的使用		
		自动变速器车辆的使用		
		防抱死制动系统和驱动防滑系统车辆使用		
		电控悬架系统车辆的使用		
		汽车巡航系统的使用		
		人工读取电脑控制系统故障码		
	培训与指导	培训	5	
		指导		
	日常管理	车务管理		
		技术管理		
合计			100	

二、高级汽车驾驶员驾驶实际操作项目技能训练

1. 曲线驾驶与弯道倒车

1）考核内容

在设置的考场内,车辆由起点线起步,进行曲线穿桩行驶至圆弧形车道,在圆弧形车道倒车一圈,过圆弧形车道口后,再从圆弧形车道穿桩驶出。

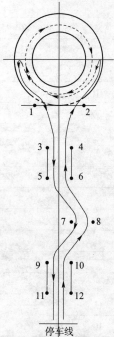

图6-1 曲线驾驶与弯道倒车

2）考核要求

(1) 车速要求平稳,中途不得停车。
(2) 车身任何部位不准擦杆、碰杆。
(3) 车轮不准压线、碰桩、移桩。
(4) 不准开车门倒车。
(5) 在规定时间内完成考核项目。

3）考核时间

考核时间为180s。

4）图形说明(图6-1)

(1) 内圆半径:轴距×3。
(2) 外圆半径:内圆半径+车宽+150cm。
(3) 1—2宽:2车宽+280cm。
(4) 3—4宽:车宽+100cm(5—6、7—8、9—10、11—12均同)。
(5) (1-2)-(3-4)(垂直距离):轴距+100cm。
(6) 4—6、10—12长:1车长。
(7) 6—7、7—10长:1车半长。

5）考核评分标准见表6-21。

曲线驾驶与弯道倒车考核评分表　　表6-21

姓名		学号		得分	
工作单位					
序号	考核项目及评分标准			扣分	
1	起步闯动或行驶中车速不稳扣5分				
2	起步或行驶中熄火每次扣10分				
3	转向盘操作不规范扣5分				
4	双手同时离开转向盘每次扣10分				
5	行驶过程中非正常停车每次扣5分				
6	轮胎压线每次扣10分				
7	擦杆每次扣10分				
8	桩杆移位或倒杆每次扣20分				
9	超出规定时间每秒扣2分				
10	未按规定完成驾驶全过程或发生事故为不合格				
主考					
助考		考核日期		年 月 日	

注:本表计分满分为100分。

2. 前轮定点停车

1）考核内容

在按规定设置的考场内进行，车辆起步经加速至制动预告线车速应达到35km/h，然后开始制动及转向，使车辆右前轮外侧落地中心点对准目标点停车。

2）考核要求

（1）车辆起步开始计时，车辆定点停车终止计时。

（2）起步程序规范、平稳、不熄火。

（3）加减挡要求操作规范，不发生齿响、不进挡、拖挡现象。

（4）车辆在接近制动预告线AB时车速应达到35km/h。

（5）车辆在进入AB延长线后开始制动，要求平稳、正点，车轮不准压AB、AC实线。

（6）当车辆停止后不得再行驶（前进或后倒）。

（7）在规定时间内完成考核要求。

3）考核时间

考核时间为120s。

4）图形说明（图6-2）

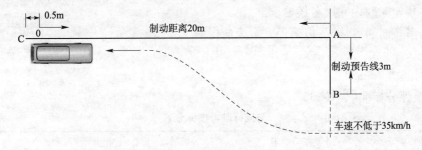

图6-2 前轮定点停车

5）考核评分标准（表6-22）

前轮定点停车考核评分表　　　　　　　　　表6-22

姓名		学号		得分	
工作单位					
序号	考核项目及评分标准				扣分
1	起步动作不规范扣10分				
2	加减挡严重齿响或不进挡扣10分				
3	停车不开转向灯扣10分				
4	停车动作不规范扣10分				
5	车辆进入AB延长线时车速低于35km/h为不合格				
6	压AB、AC实线不合格				
7	右前轮与地面接触中心点距离目标点±(20~30)cm内扣10分				
8	右前轮与地面接触中心点距离目标点±(30~40)cm内扣20分				
9	右前轮与地面接触中心点距离目标点±(40~50)cm内扣30分				
10	右前轮与地面接触中心点距离目标点大于50cm为不合格				
11	超出规定时间每秒扣2分				

续上表

序号	考核项目及评分标准	扣分
12	未按规定完成驾驶全过程或发生事故为不合格	
13	停车明显不正的,视情况扣5~20分	
主考		考核日期 年 月 日
助考		

注:本表计分满分为100分。

3. 匀速行驶

1) 考核内容

在规定路程内行驶,由监考人员指定车速,考生不看车速表,加速到指定车速后告诉监考人员,并保持匀速行驶5s以上。

2) 考核要求

(1) 按规范程序驾驶操作。

(2) 起步前指定匀速行驶的车速为40~50km/h。

(3) 在最高挡达到事先指定时速时,一次性告知监考人员,并保持匀速行驶5s以上。

(4) 在规定时间内完成考核要求。

(5) 若考核时遇有情况,以确保安全为前提。

3) 考核时间

考核时间为7min。

4) 考核评分标准(表6-23)

匀速行驶考核评分表　　　　　　　　　表6-23

姓名		学号		得分	
工作单位					
序号	考核项目及评分标准			扣 分	
1	起步闯动或行驶中车速不稳扣5分				
2	起步或行驶中熄火每次扣10分				
3	行驶中发生严重齿响、不进挡、挂错挡每次扣10分				
4	行驶中不能及时处理危及安全的情况扣30分				
5	双手同时离开转向盘每次扣10分				
6	匀速行驶时车速误差±(2~3)cm内扣10分				
7	匀速行驶时车速误差±(3~4)cm内扣20分				
8	匀速行驶时车速误差±(4~5)cm内扣30分				
9	匀速行驶时车速误差±6km/h以上为不合格				
10	未按规定完成驾驶全过程或发生事故为不合格				
主考			考核日期		年 月 日
助考					

注:本表计分满分为100分。

任务实施

进行高级汽车驾驶员驾驶实际操作项目技能训练。

想一想

(1)简述汽车驾驶员高级职业资格的申报条件及基本要求。

(2)高级汽车驾驶员驾驶实际操作技能训练项目有哪些?

(3)简述高级汽车驾驶员考核内容和考核要求。

任务三 经营性道路旅客运输驾驶员从业资格证应用能力考试

道路旅客运输驾驶人员从业资格考试由设区的市级考试管理机构按照交通运输部《道路运输从业人员管理规定》和《道路旅客运输从业人员》考试大纲的要求组织实施。

一、道路旅客运输驾驶员从业资格理论考试的要求

1. 考试方式

(1)道路旅客运输从业人员从业资格考试为理论和应用能力两个科目。

(2)理论考试采用闭卷方式,并逐步实行计算机系统随机抽题考试。每套试题均分为判断题、单项选择题和多选题三种类型,共90题,其中,判断题和单项选择题各40题,每题1分,多选题10题,每题2分。

(3)应用能力考核分为车辆安全检视、旅客急救、危险源辨识与防御性驾驶、节能驾驶四项。其中车辆安全检视、旅客急救两项采用申请人单独操作与考核员提问相结合的方式进行计分考核;危险源辨识与防御性驾驶、节能驾驶两项采用由计算机系统随机抽取案例情景题,申请人进行分析判断的方式进行计分考核。考试试题从全国统一题库中抽取。

应用能力考核计分,实行减分制。其中车辆安全检视满分为50分,旅客急救满分为20分,危险源辨识与防御性驾驶满分为20分,节能驾驶满分为10分。

2. 考试时间

理论考试时间为60min,应用能力考核时间为60min(其中车辆安全检视为30min,旅客急救为15min,危险源辨识与防御性驾驶为10min,节能驾驶为5min)。

3. 考试实施流程

1)理论知识考试组织实施流程管理

(1)考试前5min,向考生宣读考场纪律、注意事项等(或由考点统一广播)。

(2)考生应在考试前15min持身份证(或驾驶证等有效身份证件)和准考证进入考试中心待考区。

(3)引导考生将与考试无关的物品存放在指定位置;严禁将各种通信工具和复习资料带入考场,随身所带物品必须按考试中心指定地点存放。如发现有携带手机、考试资料等物品进入考场者,视为作弊,6个月内不得申请考试。

(4)严格按考试时间启动考试,不得提前或推迟开考时间;理论考试时间90min,闭卷独

立完成。

(5)理论考试采用计算机系统随机抽题考试,满分100分,80分合格。

(6)严禁在考场或待考区内吸烟、吃零食、高声喧哗。如有违反且不听劝阻者,取消当日考试资格及成绩。

(7)学员在待考区内不得擅自离开,以便工作人员安排考试科目和考试顺序。

(8)严禁携带易燃易爆、管制刀具等违禁物品进入考试区域,一旦发生地震、火灾等事故,请按相关标示指示、工作人员指挥有序疏散。

(9)考试结束公布考试成绩。全部科目均合格的,核发《道路旅客运输驾驶员从业资格证书》。

(10)考生应当尊重考场工作人员,自觉接受监考人员的监督和检查,服从监考人员的安排。不服从考场人员管理或安排的,取消考生资格。

(11)保持考场卫生和安静,爱护考场实施设备。如有损坏,照价赔偿。

(12)冒名顶替成绩考试的,一经发现,当事人一年内不得参加道路旅客运输驾驶员从业资格证考试。

(13)考试结束前15min,提醒考生注意时间。考试结束时间一到,立即宣布考生停止答题并收卷引导考生退场。

(14)核对本考场应到考生数、实到考生数、缺考人数等信息,分别填入《考场情况登记表》,其中缺考、违纪人的准考证号均应准确填写。

计算机理论知识考试阅卷工作由考试管理系统自动完成。考试结束后,考核员应及时对报名信息、成绩信息等信息项进行全面核查存档,确保无误。

2)应用能力考核组织实施流程管理

(1)考试开始后迟到30min及以上者不得入场。

(2)考核员核对考生的准考证和身份证有关信息。

(3)考前5min,向考生宣读考场纪律、注意事项等(或由考点统一广播)。

(4)根据规定指导考生抽取题目。

(5)监考期间不准吸烟、聊天、阅读书报等,不准擅离职守。

(6)制止除巡考、主考以外的无关人员进入考场;未经主考人员同意不允许任何人在考场内拍照、录像。

(7)保持考场卫生,爱护考场设备。

应用能力考核结束后,考核员应核查评分表,确认签字等信息无误后,及时报送考务办公室。

4. 合格标准

理论考试和应用能力考核两个科目满分为100分,成绩均达到80分及以上为合格。

5. 成绩确认及有效期

每个科目的考试成绩必须由两名考核员签字确认,考试成绩在考试结束后10日内公布。考试成绩有效期为1年。

考试成绩公布后,设区的市级考试管理机构应为考生提供便捷的查分服务,并在公布考试成绩之日起10日内向考试合格人员颁发相应的道路运输从业人员从业资格证件。

二、考试内容

1. 理论考试内容

1）驾驶员的社会责任、职业道德和职业心理

包括：

（1）客运驾驶员的社会责任。

（2）客运驾驶员的职业道德。

（3）客运驾驶员的行为规范。

（4）客运驾驶员心理健康。

（5）客运驾驶员心理调节。

2）道路旅客运输行业从业相关法律法规

包括：

（1）《中华人民共和国安全生产法》规定的从业人员的权利、应尽的义务及所承担的法律责任。

（2）《中华人民共和国道路交通安全法》及《中华人民共和国道路交通安全法实施条例》中有关客运车辆和驾驶员的相关规定，以及客运驾驶员违法行为应承担的责任。

（3）道路旅客运输经营许可、经营行为相关规定及内涵。

（4）客运驾驶员从业资格申请程序、条件、考试及证件使用；诚信考核、继续教育的目的及内涵；客运经营的有关规定及内涵。

（5）旅客运输的分类与特点；旅客运输车辆类型与使用；旅客运输的基本环节；危险化学品的识别；客运合同与保险。

（6）班车客运的服务要求；包车（旅游）客运的服务要求；乘客心理与服务。

（7）安全、文明行车常识；遵守交通信号常识。

（8）情绪、情感等心理因素对客运驾驶员安全驾驶的影响；客运驾驶员反应时间对安全驾驶的影响。

3）安全意识安全行车

包括：

（1）紧急、突发情况的处置原则；发动机突然熄火、转向失控、制动失效、轮胎漏气等车辆故障的应急处置。

（2）车辆侧滑、侧翻等紧急情况的应急处置；车辆起火的应急处置；突然自然灾害、恐怖袭击、火灾爆炸等情况的应急处置。

（3）驾驶员或乘客突发疾病的应急处置。

（4）事故现场的应急处置；事故现场自救与互救原则；事故现场危重伤员急救治措施；常用救护方法及注意事项。

4）汽车使用技术

（1）汽车维护的作用与要求；汽车维护的分类；汽车日常作业内容。

（2）道路运输车辆综合性能及检测要求；道路运输车辆外廓尺寸、轴荷及质量限值的要求；道路运输车辆燃料消耗量的有关内容。

(3) 发动机、底盘、电气设备及常见故障识别。

(4) 轮胎使用寿命的影响因素；轮胎的正确使用方法。

(5) 节能与环保的意义；汽车燃料消耗的影响因素；汽车主要污染的种类及危害；节能与环保驾驶方法。

(6) 汽车新技术新能源与新材料；卫星定位系统设备的应用。

2. 应用能力考试内容

1) 车辆安全检视（表6-24）

车辆安全检视考试项目　　　　　　　　　　　表6-24

检查时间及位置		检查项目
出车前检查	车辆外观	(1) 轮胎气压及磨损、转向横直拉杆、前桥、车架； (2) 风窗玻璃； (3) 车灯和反光镜、外后视镜、燃油箱、行李舱门、备胎、号牌
	发动机舱	(1) 润滑油、冷却液、风窗清洗液、管路、风扇皮带； (2) 蓄电池、高低压线路
	驾驶室及客车车厢	(1) 仪表、转向盘自由行程、驻车制动器、变速器操纵装置、缓速器装置； (2) 离合器踏板、制动踏板、加速踏板、安全带、内后视镜等安全设施及装置； (3) 行李架、车门、应急门、栏杆、扶手、地板
	发动机起动后	(1) 各仪表及报警灯工作状况； (2) 发动机有无异响； (3) 灯光及控制装置、喇叭按钮； (4) 风窗玻璃刮水器和洗涤器的工作状况
行车途中检查		(1) 各部位油、液气渗漏检查； (2) 轮胎气压及温度； (3) 制动鼓、轮毂温度； (4) 前后悬架、转向横直拉杆及转向臂各接头紧固情况； (5) 灯光及后视镜； (6) 备胎、安全设施及装置
收车后检查		(1) 各部位油、液气渗漏检查； (2) 风扇皮带的松紧度及磨损情况； (3) 轮胎气压及磨损； (4) 坐垫、行李架、行李舱

2) 旅客急救（表6-25）

3) 危险源辨识与防御性驾驶

通过城市道路、桥梁、隧道、山区道路、乡村道路、高速公路等道路的预见性驾驶方法的掌握，能够预先估计可能存在的交通隐患，从而及时采取措施，避免交通事故。

旅客急救考试项目　　　　　　　　　　　　　　　表 6-25

序号	考试内容		备注
1	心肺复苏抢救法	对伤员进行胸外心脏按压和口对口人工呼吸的步骤和操作方法	必考项
2	(1)指压止血法	用手指压迫伤口近心端的动脉，阻断动脉血流出。包括：浅动脉止血法；股动脉止血法；肱动脉止血法；桡、尺动脉止血法	抽考其中一项
	(2)加压包扎止血法	用于小动脉、静脉及毛细血管出血	
	(3)加垫屈肢止血法	如前臂、上臂、小腿出血，分别在肘窝、腋窝、腘窝加垫屈肢固定	
	(4)三角巾包扎法	当上肢、下肢较大的动脉出血，用橡皮管、橡皮带、绳索等进行捆扎	
	(5)骨折固定法	将伤肢拉直，夹板放在内外侧，外侧夹板长度上至腋窝，下至脚跟，内侧夹板较短，放至大腿根部，关节处垫好棉花，然后用绷带或三角巾固定。如现场无夹板可用，可将伤肢与好腿并排摆正，用三角巾缠绕固定	

4) 节能驾驶

掌握发动机起动、车辆预热、起步、换挡变速、车辆控制、减速和停车熄火等驾驶环节的节能操作方法，降低油耗、减少尾气排放，达到节能减排的目的。

三、评分标准

1. 考试评分标准

(1) 判断题、单项选择题，不答、错答，每题扣 1 分。

(2) 多项选择题，漏选、错选、不选，每题扣 2 分。

2. 应用能力考核评分标准

1) 车辆安全检视评分标准

(1) 每漏检一项扣 2 分。

(2) 检查到，但故障和安全隐患未指出的扣 10 分。

(3) 检查到，但未进行判断分析的扣 2 分。

2) 旅客急救评分标准

(1) 出现急救方法不当的扣 10 分。

(2) 出现操作顺序错误的扣 5 分。

(3) 每漏掉一个操作环节的扣 10 分。

(4) 选择、使用急救用品不正确的扣 2 分。

3) 危险源辨识与防御性驾驶评分标准

(1) 每漏掉一处危险源点扣 2 分。

(2)危险源相关知识综合判断错误扣1分。

4)节能驾驶评分标准

(1)判断每错一项扣2分。

(2)每漏掉一项扣2分。

四、应用能力考试技能训练

(一)客车安全检查技能训练

要养成安全和规范的检查习惯,上车之前应逆时针环车一周,从上至下,从后至前,从右至左,由里至外对车辆进行安全方位的检查,确保安全。

1. 客车右部检查

(1)检查的内容和过程,从车右后部开始检查,后风窗玻璃清洁、完好、无裂纹、无破损,如图6-3所示。

(2)后号牌清晰、紧固、完好、有效,如图6-4所示。

图6-3 检查后风窗玻璃

图6-4 检查后号牌

(3)右后尾灯装置齐全、完好、无破损,如图6-5所示。

(4)下蹲检查备胎支架安装牢固,消声器紧固,如图6-6所示。

图6-5 检查右后尾灯

图6-6 检查备胎支架、消声器

(5)右侧车窗玻璃安装好、无裂纹、无破损,如图6-7所示。

(6)右后轮胎气压正常、螺栓齐全紧固、"主、边"胎无夹石、胎面清洁,如图6-8所示。

图6-7 检查右侧车窗玻璃

图6-8 检查右后轮胎气压

(7)行李舱关好、加油口盖关好、无渗漏,如图6-9所示。

(8)乘客门是否开启正常,如图6-10所示。

图6-9 检查行李舱、加油口盖

图6-10 检查检查乘客门

(9)右前轮胎气压正常,螺栓齐全紧固,胎面清洁,如图6-11所示。

(10)右前后视镜、下视镜清洁、紧固、外观无裂纹、无破损,如图6-12所示。

图6-11 检查右前轮胎

图6-12 检查右前后视镜、下视镜

(11)前风窗玻璃清洁、完好、无破损,如图6-13所示。

(12)刮水器安装牢固,如图6-14所示。

(13)右前照灯装置完好、紧固、外观无破损,如图6-15所示。

(14)前号牌清晰、紧固、完好、有效,如图6-16所示。

图6-13 检查前风窗玻璃

图6-14 检查刮水器

图6-15 检查右前照灯

图6-16 检查前号牌

2. 客车左部检查

（1）左前照灯装置完好、紧固、外观无破损，如图6-17所示。

（2）左前后视镜、下视镜清洁、紧固、外观无裂纹、无破损，如图6-18所示。

图6-17 检查左前照灯

图6-18 检查左前后视镜、下视镜

（3）下蹲检查三漏（漏水、漏油、漏气）现象，转向机械正常（横、直拉杆球头不碰擦、不松脱），如图6-19所示。

（4）持立正姿势、站立左前保险杠（左前照灯位置）与左侧车体平行，向左右侧头进行安全确认，确认安全后继续检查，如图6-20所示。

图 6-19　检查三漏

图 6-20　进行安全确认

（5）左前门关好，如图 6-21 所示。
（6）左侧车窗玻璃清洁、完好、无破损，如图 6-22 所示。

图 6-21　检查左前门

图 6-22　检查左侧车窗玻璃

（7）左前轮胎气压正常、螺栓齐全、紧固、"主、边"胎无夹石、胎面清洁，如图 6-23 所示。
（8）行李舱关好，如图 6-24 所示。

图 6-23　检查左前轮

图 6-24　检查行李舱

（9）左后轮轮胎气压正常、螺栓齐全、紧固、"主、边"胎无夹石、胎面清洁，如图 6-25 所示。
（10）左后尾灯装置齐全、完好、无破损，如图 6-26 所示。

图 6-25　检查左后轮

图 6-26　检查左后尾灯

（11）在确保安全的前提下，顺时针方向返至左前车门位置，如图 6-27 所示。

（12）完成第一个报告词（上车前持立正姿势、身体离左车门 45cm 左右，正对车门门缝），报告老师：××站校学员××环车一周检查完毕，未发现异常请求上车，如图 6-28 所示。

图 6-27　顺时针方向返至左前车门

图 6-28　完成第一个报告词

3. 客车驾驶室内部检查

（1）调整座椅，用右手握住转向盘，左手控制座位调节手柄，前后滑动调整到能将离合器踏板和行车制动踏板轻松踏到底的位置，如图 6-29 所示。

（2）调整头枕高度，使头枕中心与头平齐，如图 6-30 所示。

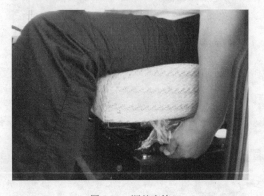
图 6-29　调整座椅

图 6-30　调整头枕高度

(3)系解安全带,如图 6-31 所示。

(4)检查转向盘,如图 6-32 所示。

正确的方法是:左手的食指、拇指握紧转向盘盘缘,向左或右转动至有阻力,右手拇指以转向盘较近位置作为基点,左手再从相反方向转动转向盘至有阻力(右手拇指不动,转向盘在拇指下滑动),此时转向盘变动位置所产生的夹角就是转向盘的自由行程,正常为 10°~15°,最大转动量不超过 30°。

图 6-31 系解安全带

图 6-32 检查转向盘

(5)检查离合器踏板,左脚踏离合器踏板至有阻力,离合器踏板自由行程为 20~50mm,再往下踏至驾驶室底板,使其完全分离,如图 6-33 所示。

(6)检查变速杆,右手操纵变速杆,挡位进出自如,将变速杆移入空挡位置,如图 6-34 所示。

图 6-33 检查离合器踏板

图 6-34 检查变速杆

(7)检查行车制动器,先轻踏行车制动器踏板至有阻力,自由行程为 10~15mm,往下再踏至有效行程,制动踏板无继续下沉和漏气现象,如图 6-35 所示。

(8)检查驻车制动器,放松驻车制动器操纵杆,车辆无前后溜动,行车制动器有效;拉起驻车制动器操纵杆,再放松行车制动器踏板,车辆无前后溜动,驻车制动器有效,如图 6-36 所示。

(9)起动发动机,打开点火开关(钥匙处于 OFF 为关闭位置,ON 为打开位置),踩下离合器踏板,将变速杆置于空挡位置(自动挡于 P 挡),将点火开关转到 START 位置,发动机起动,立即松开点火开关,如图 6-37 所示。若一次未能起动发动机,再次起动时须间隔 30s 以上时间。

图 6-35　检查行车制动器

图 6-36　检查驻车制动器

冬天气温较低时发动机起动后,可怠速运转约 3min 进行预热,使发动机达到正常工作温度,注意发动机起动后要及时放松开关钥匙(轻加油,使发动机转速比怠速稍高)听察发动机有无异响、异味,随即缓缓松起离合器踏板。

(10)检查各仪表。

①观察各仪表工作读数(根据不同车型,应从左至右,从上至下检查),如图 6-38 所示。

②电流表:指针指向正极或指示灯熄灭,表示充电;指针指向负极表示放电。

③机油压力表:指示灯熄灭其工作正常(机油压力值为 0.3~0.4MPa)。

④冷却液温度表:起步温度在 50℃上(正常工作温度 85~95℃)。

⑤储油表:表面上有若干刻度,指针越指向右刻度储油量多,指针指向左刻度红线储油少或无油。

图 6-37　起动发动机

图 6-38　检查各仪表

(11)检查灯光:开启左右转向灯、远近光灯、示宽灯、防雾灯、危险报警闪光灯等,检查灯光正常有效,如图 6-39 所示。

(12)检查刮水器:开启刮水器开关检查刮水器正常有效,如图 6-40 所示。

(13)遮阳板安装牢固、有效,如图 6-41 所示。

(14)调整后视镜。调整左、中、右后视镜时,保持正确驾驶姿势,面向正前方,将后视镜调整到自然侧头能看到车左、右及后部的交通情况为宜,如图 6-42 所示。

图6-39 检查灯光

图6-40 检查刮水器

图6-41 检查遮阳板

图6-42 调整后视镜

（15）检查喇叭：右手鸣喇叭，声响正常，如图6-43所示。

（16）停熄发动机：将钥匙转到"ACC"，发动机熄火，将钥匙转动到"LOCK"后拔出，如图6-44所示。

图6-43 检查喇叭

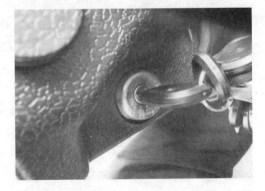

图6-44 停熄发动机

4. 车厢内部检查

（1）检查安全锤，正确的使用方法：用安全锤尖端部分敲击车窗四角边缘，然后用锤头打碎玻璃逃生，如图6-45所示。

（2）检查灭火器，正确的使用方法：拔开锁销，左手握喷管，右手提压把，对准火源，压下压把，喷射干粉覆盖整个燃烧区，如图6-46所示。

图 6-45 检查安全锤

图 6-46 检查灭火器

（3）应急门的检查，正确使用方法：打开应急阀护罩，顺时针扭动应急阀旋钮，车门自动打开，如图 6-47 所示。

（4）车内灯检查，如图 6-48 所示。

图 6-47 应急门的检查

图 6-48 车内灯检查

（5）安全告知。各位旅客请在座位上坐好，系好安全带；车辆在起步前拉好、扶好，在行驶过程中头手不要伸出窗外，车辆停稳后方能下车；带小孩的乘客请照管好自己的小孩，下车时请带好自己的行李。

5. 客车发动机舱检查

润滑油、冷却液、风窗清洗液、管路、风扇皮带；蓄电池、高低压线路。

（二）旅客急救技能训练

1. 心肺复苏抢救法（必考项）

（1）判断患者有无意识与反应 轻拍患者肩部，并高声呼叫："喂！你怎么啦？"，如图 6-49 所示。

（2）患者如无反应，立即拨打急救电话 120，及时启动 EMS 系统。如现场只有一名抢救者，应同时高声呼救，寻求旁人帮助。如发现患者无反应，应立即打电话，启动 EMS；但对于溺水、创伤、药物中毒及 8 岁以下儿童，先进行徒手 CPR 1min 后，再打急救电话求救，如图 6-50 所示。

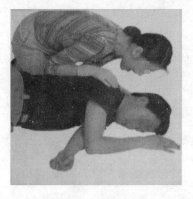 

图 6-49　呼唤患者　　　　　　　　图 6-50　寻求帮助

(3) 将患者置于复苏体位,如患者是俯卧或侧卧位,迅速跪在患者身体一侧,一手固定其颈后部,另一手固体其一侧腋部(适用于颈椎损伤)或髋部(适用于胸椎或腰椎损伤),将患者整体翻动,成为仰卧位,即头、颈、肩、腰、髋必须同在一条轴线上,同时转动,避免身体扭曲,以防造成脊柱脊髓损伤。患者应仰卧在坚实的平面,而不应是软床或沙发;头部不得高于胸部,以免脑血流灌注减少而影响 CPR 的效果。

(4) 开放气道:当心搏停止后,全身肌张力下降,包括咽部肌张力下降,导致舌后坠,造成气道梗阻。如将下颌前推移,可使舌体离开咽喉部;同时头部后伸可使气道开放。如发现口腔内有异物,如食物、呕吐物、血块脱落的牙齿、泥沙、假牙等,均应尽快清理,否则也可造成气道阻塞。无论选用何种开放气道的方法,均应使耳垂与下颌角的连线和患者仰卧的平面垂直,气道方可开放,在 CPR 的全过程中,应使气道始终处于开放状态。

常用开放气道方法如下:

① 压额提颏法:如患者无颈椎损伤,可首选此法。站立或跪在患者身体一侧,用一手小鱼际放在患者前额向下压迫;同时另一手食、中指并拢,放在颏部的骨性部分向上提起,使得颏部及下颌向上抬起、头部后仰,气道即可开放,如图 6-51 所示。

② 双手拉颌法:如已发生或怀疑颈椎损伤,选用此法可避免加重颈椎损伤,但不便于口对口吹气。站立或跪在患者头顶端,肘关节支撑在患者仰卧的平面上,两手分别放在患者头部两侧,分别用两手食、中指固定住患者两侧下颌角,小鱼际固定住两侧颞部,拉起两侧下颌角,使头部后仰,气道即可开放,如图 6-52 所示。

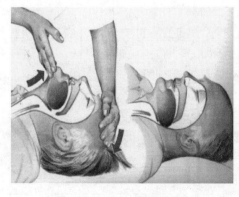 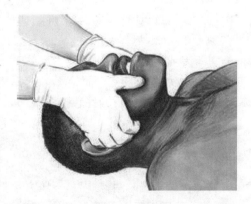

图 6-51　压额提颏法　　　　　　　　图 6-52　双手拉颌法

③压额托颌法：站立或跪在患者身体一侧，用一手小鱼际放在患者前额向下压迫；同时另一手拇指与食、中指分别放在两侧下颌角处向上托起，使头部后仰，气道即可开放。在实际操作中，此法优于其他方法，不仅效果可靠，而且省力、不会造成或加重颈椎损伤，而且便于作口对口吹气，如图6-53所示。

(5) 判断有无呼吸。开放气道后，立即将一侧耳部贴近患者的口鼻部，通过一看、二听、三感觉来判断患者有无呼吸。判断时间不得超过10s，并应以看为主。

一看。即用眼睛观察患者胸部有无起伏运动。

二听。即用耳朵听患者是否有呼吸音。

三感觉。即用面颊感觉患者是否有气流呼出。

(6) 口对口吹气：口对口吹气是一种快捷、有效的人工通气方法。空气中含氧气21%，呼出气体中仍含氧气约16%，可以满足患者的需要。如口腔严重损伤，不能口对口吹气时，可口对鼻吹气，如图6-54所示。

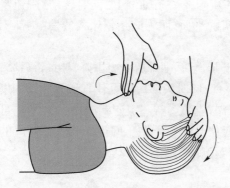

图6-53 压额托颌法

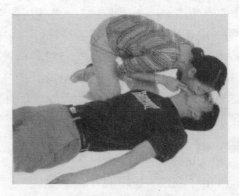

图6-54 口对口吹气

①确定患者无呼吸后，立即深吸气后用自己的嘴严密包绕患者的嘴，同时用食、中指紧捏患者双侧鼻翼，缓慢向患者肺内吹气两次。

②每次吹气量700~1000ml，每次吹气持续2s，吹气时见到患者胸部出现起伏即可。

③如果只进行人工通气，通气频率应为10~12次/min。吹气过程中，应始终观察患者胸部有无起伏运动。吹气时如无胸部起伏或感觉阻力增加，应考虑到气道未开放或气道内存在异物阻塞。

④专业人员也可选择其他通气方式，如球囊面罩、气管插管等。

(7) 判断有无颈动脉搏动。非专业人员在进行CPR时，不再要求通过检查颈动脉是否搏动，但对于专业人员仍要求检查脉搏，以确定循环状态。检查脉搏应用食、中指触摸颈动脉(位于胸锁乳突肌内侧缘)，而绝不可选择桡动脉。检查时间不得超过10s。如不能确定循环是否停止，应立即进行胸外心脏按压，如图6-55所示。

(8) 胸外心脏按压：胸外心脏按压是重建循环的重要方法，正确的操作可使心排血量达到正常时的1/4~1/3、脑血流量可达到正常时的30%，这就可以保证机体最低限度的需要了。

操作时根据患者身体位置的高低，站立或跪在患者身体的任何一侧均可。必要时应将脚下垫高，以保证按压时两臂伸直、下压力量垂直。

按压部位原则上是胸骨下半部，如图6-56所示。常用以下定位方法：

①用触摸颈动脉的食、中指并拢,中指指尖沿患者靠近自己一侧的肋弓下缘,向上滑动至两侧肋弓交汇处定位,即胸骨体与剑突连接处。
②另一手掌根部放在胸骨中线上,并触到定位的食指。
③然后再将定位手的掌根部放在另一手的手背上,使两手掌根重叠。
④手掌与手指离开胸壁,手指交叉相扣。

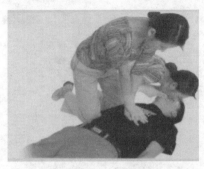

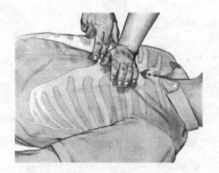

图 6-55　胸外心脏按压　　　　　　　图 6-56　按压部位

按压姿势:两肩正对患者胸骨上方,两臂伸直,肘关节不得弯曲,肩、肘、腕关节成一垂直轴面;以髋关节为轴,利用上半身的体重及肩、臂部的力量垂直向下按压胸骨。

按压深度:一般要求按压深度达到 4~5cm,约为胸廓厚度的 1/3,可根据患者体型大小等情况灵活掌握,按压时可触到颈动脉搏动效果最为理想。

按压频率 100 次/min,不要小于 100 次/min。

口对口吹气与胸外心脏按压的比例为 2:30,即每做 2 次口对口吹气后,立即做 30 次胸外心脏按压。单人操作为 2:30,双人操作为 1:15。

2. 止血法和骨折固定法(抽考其中一项)

(1)指压止血法:用手指迫伤口近心端的动脉,阻断动脉血流出。包括:浅动脉止血法;股动脉止血法;肱动脉止血法;桡、尺动脉止血法,如图 6-57 所示。

(2)加压包扎止血法:用于小动脉、静脉及毛细血管出血,如图 6-58 所示。

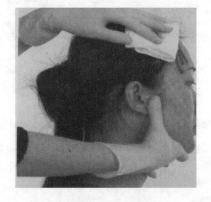

图 6-57　指压止血法　　　　　　　图 6-58　加压包扎止血法

(3)加垫屈肢止血法:如前臂、上臂、小腿出血,分别在肘窝、腋窝、腘窝加垫屈肢固定,如图 6-59 所示。

(4)三角巾包扎法：当上肢、下肢较大的动脉出血，用橡皮管、橡皮带、绳索等进行包扎，如图6-60所示。

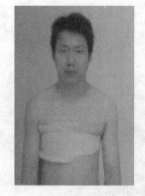
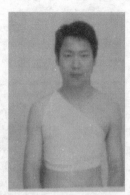

图6-59　加垫屈肢止血法　　　　　　　　图6-60　三角巾包扎法

(5)骨折固定法：将伤肢拉直，夹板放在内外侧，外侧夹板长度上至腋窝，下至脚跟，内侧夹板较短，放至大腿根部，关节处垫好棉花，然后用绷带或三角巾固定。如现场无夹板可用，可将伤肢与好腿并排摆正，用三角巾缠绕固定，如图6-61所示。

(三)危险源辨识与防御性驾驶技能训练

(播放视频题库选择模拟答题)

车辆在一般天气、雨天、雪天、雾天等条件下，通过高速公路、山区道路、桥梁、隧道等典型道路，以及在交叉路口、城乡接合部、上下坡道、冰雪路面等行驶时的危险源辨识与防御性驾驶，如图6-62所示。

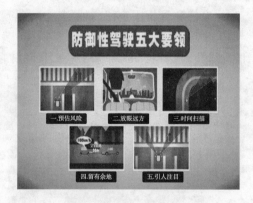

图6-61　骨折固定法　　　　　　　　图6-62　播放视频题库

(四)节能驾驶技能训练(播放视频题库选择模拟答题)

行车过程中的节能驾驶要领。

想一想

(1)简述车辆安全检视考试项目。

(2)简述旅客急救考试项目。

参 考 文 献

[1] 罗俊杰.汽车驾驶员技能实训[M].北京:金盾出版社,2012.
[2] 王淑君.轻松学车考证(A1/A3/B1版)[M].北京:化学工业出版社,2013.
[3] 曾诚,蔡凤田,王生昌.《机动车驾驶员培训机构资格条件》(GB/T 30340—2013)和《机动车驾驶培训教练技术要求》(GB/T 30341—2013)释义[M].北京:人民交通出版社,2014.
[4] 机动车驾驶培训规范化教学教程编写组.机动车驾驶培训规范化教学教程[M].北京:人民交通出版社,2009.
[5] 道路客货运输驾驶员素质教育读本编写组.道路客货运输驾驶员素质教育读本[M].北京:人民交通出版社,2013.

人民交通出版社汽车类技工教材部分书目

一、全国交通技工院校汽车运输类专业规划教材（第五轮）

书　号	书　名	作　者	定价	出版时间	课件
978-7-114-10637-8	汽车文化	杨雪茹	35.00	2016.08	有
978-7-114-10648-4	钳工工艺	李永吉	17.00	2014.08	有
978-7-114-10459-6	汽车机械基础	刘根平	22.00	2016.07	有
978-7-114-10458-9	汽车发动机结构与拆装	程　晟	27.00	2015.06	有
978-7-114-10456-5	汽车底盘结构与拆装	王　健	39.00	2015.06	有
978-7-114-10686-6	汽车电器结构与拆装	许云珍	30.00	2016.05	有
978-7-114-10604-0	汽车使用与日常维护	李春生	25.00	2016.02	有
978-7-114-10527-2	汽车发动机检修	王忠良	39.00	2015.06	有
978-7-114-10573-9	汽车变速器与驱动桥检修	戴良鸿	28.00	2016.05	有
978-7-114-10454-1	汽车转向、悬架和制动系统检修	樊海林	24.00	2015.05	有
978-7-114-10627-9	汽车实用英语	杨意品	17.00	2013.07	有
978-7-114-10518-0	汽车服务企业管理	应建明	19.00	2016.07	有
978-7-114-10536-4	汽车结构与拆装	邢春霞	40.00	2015.07	有
978-7-114-10457-2	汽车钣金基础	姚秀驰	32.00	2013.05	有
978-7-114-10444-2	汽车车身碰撞估损	石　琳	23.00	2017.07	有
978-7-114-10612-5	汽车美容	彭本忠	20.00	2015.06	有
978-7-114-10758-0	汽车装饰与改装	梁　登	32.00	2013.08	有
978-7-114-10580-7	汽车营销	郑超文	25.00	2016.05	有
978-7-114-10477-0	汽车配件管理	卫云贵	25.00	2015.02	
978-7-114-10597-5	汽车营销法规	邵伟军	23.00	2013.06	
978-7-114-10528-9	汽车保险与理赔	刘冬梅	22.00	2016.05	
978-7-114-10999-7	汽车电器与空调系统检修	潘承炜	45.00	2015.05	
978-7-114-11135-8	汽车车身涂装	曾志安	32.00	2014.03	
978-7-114-10881-5	汽车营销礼仪	吴晓斌	30.00	2015.08	有

二、全国中等职业技术学校汽车类专业通用教材

书号	书名	作者	定价	出版时间	课件
978-7-114-13417-3	汽车发动机构造与维修（第二版）	吕秋霞	43.00	2016.12	有
978-7-114-13818-8	汽车发动机构造与维修习题集及习题集解（第二版）	吕秋霞	15.00	2017.06	
978-7-114-13016-8	汽车底盘构造与维修（第二版）	徐华东	32.00	2016.07	有
978-7-114-13479-1	汽车底盘构造与维修习题集及习题集解	徐华东	21.00	2016.12	
978-7-114-13007-6	汽车电气设备构造与维修（第二版）	张茂国	42.00	2016.07	有
978-7-114-13521-7	汽车电气设备构造与维修习题集及习题集解	张茂国	23.00	2016.12	
978-7-114-13227-8	机械识图（第二版）	冯建平	25.00	2016.12	
978-7-114-13350-3	机械识图习题集及习题集解（第二版）	冯建平	25.00	2016.11	
978-7-114-12997-1	电工与电子技术基础（第二版）	窦敬仁	34.00	2016.07	有
978-7-114-12891-2	汽车专业英语（第二版）	王　蕾	15.00	2016.05	有
978-7-114-13014-4	汽车故障诊断与检测技术（第二版）	王　囤	36.00	2016.07	有
978-7-114-13169-1	汽车维修基础（第二版）	毛兴中	24.00	2016.08	有
978-7-114-13136-3	汽车运用基础（第二版）	冯宝山	29.00	2016.07	有

书 号	书 名	作者	定价	出版时间	课件
978-7-114-13200-1	汽车电路识图（第二版）	田小农	21.00	2016.09	有
978-7-114-13162-2	钳工与焊接工艺（第二版）	宋庆阳	22.00	2016.07	有
978-7-114-13296-4	汽车维修企业管理（第二版）	杨建良	19.00	2016.09	有
978-7-114-11750-3	汽车安全驾驶技术（第二版）	范 立	39.00	2016.05	有
即将出版	汽车故障诊断与综合检测（第二版）	杨永先			有
978-7-114-13738-9	发动机与汽车理论（第二版）	徐华东	16.00	2017.06	有
即将出版	汽车维修案例分析（第二版）	王 征			有
即将出版	汽车维修标准与规范（第二版）	杨承明			有
即将出版	汽车服务工程（第二版）	王旭荣			有
即将出版	公差配合与技术测量（第二版）	刘 涛			有
即将出版	新能源汽车概论	樊海林			有
即将出版	汽车单片机及车载网络系统（第二版）	林为群			有
即将出版	专业技术论文与科研报告撰写（第二版）	裘玉平			有

三、国家示范性中职院校工学结合一体化课程改革教材

书 号	书 名	作者	定价	出版时间	课件
978-7-114-11778-7	汽车电学基础	梁勇、唐李珍	18.00	2016.05	有
978-7-114-11757-2	汽车检测与维修技术（初级学习领域一）	赵晚春、李爱萍	28.00	2016.05	有
978-7-114-11766-4	汽车检测与维修技术（初级学习领域二）	刘小强、黄 磊	21.00	2016.02	有
978-7-114-11779-4	汽车检测与维修技术（中级学习领域一）	梁 华、何弘亮	28.00	2015.01	有
978-7-114-11820-3	汽车检测与维修技术（中级学习领域二）	莫春华、雷 冰	32.00	2015.02	有
978-7-114-11933-0	汽车检测与维修技术（高级学习领域一）	潘利丹、李宣葙	23.00	2015.03	有
978-7-114-11944-6	汽车检测与维修技术（高级学习领域二）	张东山、韦 坚	34.00	2015.03	有
978-7-114-11880-7	汽车车身修复基础	冯培林、韦军新	42.00	2016.05	有
978-7-114-11844-9	汽车车身修复技术	冯培林、韦军新	39.00	2015.03	有
978-7-114-11885-2	汽车商务口语	郑超文、林柳波	23.00	2016.05	有
978-7-114-11973-6	二手车销售实务	陆向华	26.00	2015.04	有
978-7-114-12087-9	运输实务管理	谢毅松	22.00	2015.05	有
978-7-114-12098-5	仓储与配送	谢毅松、罗 莎	24.00	2015.05	有

四、全国交通中等职业技术学校通用教材（第四轮）

书 号	书 名	作者	定价	出版时间	课件
978-7-114-05244-6	汽车发动机构造与维修	张弟宁	45.00	2014.07	
978-7-114-05184-5	汽车底盘构造与维修	崔振民	32.00	2015.06	
978-7-114-05188-3	汽车电气设备构造与维修	张茂国	36.00	2015.04	
978-7-114-05176-0	汽车故障诊断与检测技术	杨海泉	30.00	2016.02	
978-7-114-05207-1	汽车运用基础	冯宝山	18.00	2015.07	
978-7-114-05243-9	汽车维修基础	毛兴中	18.00	2015.01	
978-7-114-05208-8	计算机应用基础	王骁勇	28.00	2008.03	
978-7-114-05190-6	机械识图	冯建平	18.00	2016.07	
978-7-114-05162-3	机械识图习题集及习题集解	冯建平	28.00	2016.06	
978-7-114-05193-7	钳工与焊接工艺	宋庆阳	19.00	2015.12	

咨询电话：010-85285962010-85285977. 咨询QQ：616507284；99735898